企业人力资源管理与
法律顾问实务指引**丛书**

管理者全程法律顾问

非HR经理的员工高效管理指南

洪桂彬◎著

中国法制出版社
CHINA LEGAL PUBLISHING HOUSE

推荐序

Recommended Order

一个不熟悉劳动法的直线经理不是一个好 HR！

互联网的发展不断颠覆着传统用工模式。一方面，共享经济对社会发展、人才价值发挥做出了巨大贡献，提升了企业经营管理效率和市场竞争力；另一方面，企业组织扁平化也给人力资源管理带来了严峻的挑战。

组织扁平化主要是指组织通过减少管理层级、压缩职能机构及裁减冗员，使组织的决策层和操作层之间的中间管理层变少、决策权下放，从而提高企业效率，建立起富有弹性的新型管理模式。

在这种趋势下，有人甚至说：以后企业人力资源部会不会进一步消减乃至消失？当然，人力资源部不可能完全消失，但是人力资源部门与非人力资源部门之间的界限肯定会更加模糊，会更加强调两者之间的互相配合。简单来讲，就是企业专职 HR 少了，但是企业中的每位管理人员都要学会当 HR。

对的，这绝不仅仅是一句口号，而是意味着企业对于管理人员人力资源方面的胜任素质也会提出更为严格的要求。现实中很多企业的直线经理由于缺少培训，确实存在两个方面的问题，或是僭越了自己的职责范围，越组代庖乱作为；或是没有很好地履行自己的职责，工作上存在缺位。

比如，某家知名企业的一名直线经理田某曾在网络上发布了一则招聘餐饮会员系统产品运营人员的消息，在常规的运营要求之外，还特别说明以下五类人不要："不要丑的，不要研究生和博士生，不要开大众汽车的，不要信中医的，不要……"

该消息一发出就引发了网友的广泛质疑，纷纷指责该企业在招聘方面涉嫌歧视。随后企业官微转发并评论："开大众、信中医的东北河南混血丑小编表示，个人观点不代表公司招聘要求，该员工正被拖出去打！"试图用轻松幽默的方式来回应，但是并未获得网友们的认可，事件进一步发酵。

不久，该企业发布了《关于田某的违纪通报》，通报称："经集团安全监察部、餐饮平台 HR 联合调查，餐饮平台生态产品部餐饮会员系统员工在部分工作群中发布招聘信息时，使用地域歧视、爱好歧视类不当言论，在公司内外造成了极为恶劣的影响……对其做出辞退处理，立刻生效。"但是这件事在社会上造成的影响已经难以挽回。

作为部门直线经理，田某违反了国家法律政策，对此事应负直接责任。同时，这家企业的招聘流程设计也有问题，对于直线经理缺少相关培训也是此事发生的原因之一。当前，用人部门和人力资源部在用人决策、功能范围、职责分工等方面都发生了明显的变化。用人部门在招聘人才、吸引人才方面拥有最终决策权，而人力资源部也要为用人部门提供相关信息和指导。

具体来说，用人部门招聘计划、岗位说明、初选、面试、录用由部门直线经理来主导，但是招聘信息的发布、应聘者申请登记、资格审查、通知参加面试的人员等工作还是应由人力资源部负责。毫无疑问，这是规避法律风险的制度性措施之一。

当然，企业管理制度的有效落实，仅仅依靠人力资源部的努力是远远不能实现的。事实上，不仅对于企业如何选人，而且对于企业如何用人、如何管人、如何留人，部门经理都将发挥至关重要的作用。

再举一个例子。有不少企业明确要求：提出辞职的员工需填写企业统一制作的《辞职申请表》，并按企业规定逐级审批。你知道这是为什么吗？

曾有一张署名王大伟填写的《辞职申请表》引爆网络。该辞职员工填写的离职原因是："回家炒股"，申请时间为2015年4月14日，计划正式离职时间为2015年4月15日。而直线经理审核意见是："股市有风险，入市需谨慎。"人力资源部审核意见是："被套了再回来。”主管副总审批意见是：“赚到大钱了，来入股，成为股东。”也不知是赞赏还是调侃。

如果员工未按规定填写《辞职申请表》，是不是就不能辞职呢？当然不是。其实根据《劳动合同法》的规定，只要员工提前30日以书面形式通知企业，哪怕企业不批准，劳动关系照样解除。也就是说，王大伟在4月14日把辞职报告交给公司，到了5月13日，不管公司是否批准，双方的劳动关系都已经解除了。既然如此，为何企业还要求辞职员工填写《辞职申请表》并按企业规定逐级审批呢？

除了便于企业保存解除劳动合同的证据之外，还有一个理由：便于企业批准员工的离职日期。员工提出辞职后，离职日期如何确定？依照《劳动合同法》第三十七条的规定，劳动者提前30日以书面形式通知用人单位，可以解除劳动合同。这也是给予用人单位以必要时间填补因劳动者辞职而造成的职位空缺，保证用人单位工作的连贯性。

但是有的职工申请第二天就离职，劳动合同是否必须履行至30日的预告解除期满？这取决于用人单位的选择。用人单位既可以要求他30日以后离职，也可以批准他第二天就离职。具体批准他何时离职，企业部门直线经理等就要根据实际工作进度等因素拿出一个意见来。有的企业规定员工填写的《辞职申请表》需逐级审批，就是这个道理。

坦率地说，王大伟的几位领导的审核意见不管多么语重心长，都不宜批在《辞职申请表》上。《辞职申请表》上直线经理和人力资源部审核意见，应当结合工作进度，对于该员工的工作交接和离职日期等提出明确意见。但是很遗憾，王大伟的直线经理却在上面批了“股市有风险，入市需谨慎”，令人费解。

由此可见，对于部门直线经理的劳动法培训非常重要。近年来笔者明显感觉到，企业开设的针对直线经理的劳动法培训课程越来越多，但是能够符合企业培训需求的讲师和相关书籍则是凤毛麟角。HR六大板块之一就是劳动关系。给HR讲劳动法，如果法律术语多一些，还情有可原；但是给直线经理讲劳动法，既要深入浅出，讲透法律知识，还要给他们传递各种业务场景下关于员工管理的示范性做法，这个真的很有难度。

本书作者洪桂彬是我国非常著名的劳动法律师，也是我多年的挚友。这本书是他的第三本劳动法著作。他从2013年起，就开发了一门针对管理者的内训课程：《直线经理的员工关系技能提升》。经过七个年头的沉淀，该课程陆续被多家世界500强企业和行业领先企业引进。有些企业还将该课程作为管理者领导力构成的重要组成部分，定期对一线管理者进行“轮训”“复修”。现在他将课程的内容进行扩充、提炼后以飨读者，我们当然求之不得，先睹为快！

套用一个流行句式：一个不熟悉劳动法的直线经理不是一个好 HR！

《上海人力资源和社会保障》杂志主编

周斌

前 言

P r e f a c e

劳动争议无小事

近年来，企业内部员工管理问题不断诉诸报端，引发公众热议。2019年，“996工时制”“华为李洪元事件”“网易暴力裁员”等，无不与员工管理问题相关，这些事件有些导致了劳动争议，有些甚至演变为刑事纠纷，给公司声誉造成了严重影响。

随着外部经济环境和企业内部管理环境的急剧变化，劳动争议高发已是常态。通常，企业频繁发生劳动争议无非有两方面原因：一是企业遭遇经营困境，采取调整措施导致劳动关系双方利益失衡；二是管理者自身的员工管理存在问题，招致员工的挑战。即使是前者，也与管理者未能实现组织绩效目标不无关联。

面对一起历经司法程序的劳动争议，管理者倾向于分析法律上的“是非对错”，殊不知争议背后的管理问题更值得“深思”。比如，在“华为李洪元事件”中，为何员工在签署离职协议后仍然要起诉追讨年终奖？自然是对上级绩效考评结果不满，而绩效考评结果是否成立，其背后往往是管理者是否已履行绩效管理职责的问题。显然，直线管理者做好日常员工管理，是预防潜在争议的根本。调查发现，80% 的劳动争议案件与管理者未能正确行使管理权密切相关，有些导致案件败诉，有些则产生“连锁反应”，给公司带来巨大经济损失。

“员工属于弱势群体”的再思考

“员工属于弱势群体”是公众的普遍认知，甚至很多管理者也深表认同。然而，随着知识型员工的日益增多，员工和公司之间的信息不对称明显加剧，用人单位支付给员工的报酬标准清晰可见，但员工提供的劳动数量、质量则越来越难以考核及评价，有些员工甚至利用各种信息不对称来侵害公司利益、谋取个人私利。

另外，越来越多的企业对员工的管理诉求已非仅限于保质保量并及时完成工作任务，同时也越来越关注员工在文化、责任感、综合素养、业务技能等方面的成长和贡献，而员工对企业的需求不仅是工资的及时发放，也越加关注企业公平的工作环境、直属上级是否正确履行管理职责等，如何弥合二者差距已成为新时期管理者面临的重要挑战之一。

从信息对称角度看，企业不再持续居于“强势地位”，劳动关系双方的力量对比正发生深刻变革。这也意味着与任何时代相比，当今的管理者需要承担更多的管理和沟通责任，以最小化“信息不对称”对组织发展的负面影响。

避免小问题变成大矛盾

彼得·德鲁克曾在《管理的实践》一书中指出，人事管理之所以失败，是因为有一个错误的观念：管理员工和工作是专家的事，而不是管理者的职责。在企业内部，管理者不仅要面对下属，还需要与职能部门通力合作。管理者不应当认为员工的“选、用、育、留、退”是人力资源专家的工作职责，公司人力资源部门搭建人力资源管理的相关制度、流程、体系、工具，但具体执行仍有赖于管理者积极扮演“主角”。如果指望发生争端后由人力资源部门“救火”，则不仅会导致管理成本的急剧增加，而且通常为时晚矣。

然而，要求管理者承担责任并不容易。在员工管理领域，管理者普遍存在两个极端，一个是有些管理者不敢管、害怕管，一点小事就要“请示”人力资源部，员工管理遇到挑战则直接推给人力资源部解决，更有甚者直接将部门员工“退回”人力资源部处理。另一个是有些管理者虽主动积极但缺乏章法，对员工“瞎管”“乱管”，最后让人力资源部来收拾“烂摊子”，似乎人力资源部变成了“背锅侠”。笔者在工作中发现，管理者，特别是一线管理者普遍缺乏员工关系管理的相应技能，不仅导致劳动争议，更妨碍企业组织绩效的提升。

虽然市面上有关管理的书籍汗牛充栋，但真正从员工与管理者争议视角来剖析的可谓凤毛麟角，而单纯的法律书籍并不能完全满足管理者的需求。笔者曾于 2013 年开发了一门针对管理者的内训课程——《直线经理的员工关系技能提升》，通过对课程内容进行适当的扩充、提炼，用各类实际发生的案件来剖析员工管理中的常见“误区”“雷区”，向管理者传递业务场景下关于员工管理的示范性做法，而不是凭感觉或喜好办事。

员工从入职到离职，是一整套生命周期，管理者需要依次承担起相应责任，在任何一个领域都要“避免小问题引发大矛盾”。

目录

Contents

第1章 招录管理

招人，也有十种选择

企业开拓新的业务、个别员工的离职等都可能带来新的工作空缺，管理者需要快速找到解决方案。除自主招聘外，管理者还可以考虑重组部门架构、重新设计或分配工作职责、安排员工加班、将部分职能和业务进行外包等做法。各种解决方案利弊共存，管理者需要结合业务特点、工作空缺的持续性、企业成本等多重因素做出决断。

案　例

盒马“借兵”餐饮业千余人，“共享员工”模式向多行业延展[①]

2020 年 2 月 3 日，阿里巴巴集团旗下盒马鲜生超市公开宣布接纳云海肴、青年餐厅（北京）的员工到盒马各地门店工作，并“喊话”其他餐饮企业，发出“招工令”。“招工令”一出便引发了广泛讨论，业界将这种做法称为“共享员工”。在餐饮行业首当其冲受疫情影响的状况下，这一做法让人们看到，不少企业并没有被问题和困难吓倒，而是在灵活“自救”。短短几天，这种“共享员工”模式正在向多个行业延展，疫情之下企业抱团取暖，共抗疫情。

在“共享员工”模式中，盒马鲜生与被租用员工签订临时劳务合同，安排体检并购买商业保险等，相关劳务报酬由对应餐饮企业转移支付。

实际上，西贝等餐饮企业在新冠肺炎疫情中遭遇“重创”，西贝董事长贾国龙曾表示“疫情致两万多名员工待业，贷款发工资也只能撑三个月”。而“共享员工”模式一方面解决了西贝等餐饮企业的工资发放压力，保障了员工的基本收入；另一方面解决了盒马鲜生短期内爆炸增长的用工需求，可谓“一举三得”。

---

① 《记者调查：盒马“借兵”1800 人 “共享员工”抱团战“疫”》，载 http://society.people.com.cn/n1/2020/0212/c1008-31583241.html，访问时间：2020 年 2 月 18 日。

解 析

虽然盒马鲜生从其他单位借用停工待岗员工的方式也存在一定的法律风险，包括租用员工如在配送过程中发生意外事故，盒马鲜生仍可能被要求承担一定的赔偿责任，但与盒马鲜生独立招聘员工的成本相比，租用员工显然经济得多，不仅直接免去了“招聘成本”，无须承担租用期间员工的“五险一金”，而且基于劳务关系特点也无须承担劳动法严格的解雇保护条件，等疫情结束，盒马鲜生结束租用，其人员退出成本几乎为零。不得不说，这种特殊环境下的“员工共享”模式显然是管理者深度思考后的“杰作”。

与重新设计或分配工作职责等解决方案不同，员工招聘实际上是成本较高的方式。新的人员进入将增加新的管理成本、持续使用的工资及社保成本和潜在的员工离职成本等。尽管如此，通过招聘来解决工作空缺仍然是多数企业的选择。管理者还需要了解，即使选择招聘，仍然有不同的用工方式可供选择。传统的“签合同、缴社保”的用工方式下，虽然员工稳定性较强，但相关的人员成本、法律成本极高，灵活性亦存在缺陷，越来越多的企业开始探索各类灵活用工方式，包括实习、退休返聘、劳务派遣、外包、平台用工等。当然，不同的用工方式也意味着不同的招聘难度、员工成本、员工稳定性以及未来的管理难度和风险，管理者在向 HR 部门发起招聘需求前，首先应当对各类用工方式有一个清晰的理解。

结合相关法律规定以及企业用工管理实践，表 1-1 是最常见的十种用工和招聘方式。

表 1-1　十种用工方式的法律风险及成本比较

用工方式	类型	合同签署、管理方式及限制、成本负担	法律适用
标准劳动关系	非外籍人员（包括港澳台人员）	签订劳动合同，正常实施劳动管理[①]，需依法缴纳社保和住房公积金	《劳动法》[②]
	外籍人员	签订劳动合同，正常实施劳动管理，但应提前办理工作许可，需依法缴纳社保	《劳动法》

① 劳动管理一般包括工时、考勤、休假、考核、奖惩、工作布置、规章制度约束等。

② 适用《劳动法》，通常涉及需遵守签订书面劳动合同、缴纳社保和公积金、最低工资、最高工时、医疗期、法定解除条件、经济补偿等各项规定。

续表

用工方式	类型	合同签署、管理方式及限制、成本负担	法律适用
非标准劳动关系	在校学生实习	签订实习协议，正常实施劳动管理，不得安排加班；无须缴纳社保和住房公积金	《民法典》①
	退休人员	签订劳务协议，正常实施劳动管理；无须缴纳社保和住房公积金	《民法典》
	非全日制用工	签订非全日制合同，正常实施劳动管理，但每周工作时间不超过 24 小时，薪资支付周期不超过 15 天；需缴纳工伤保险	《劳动法》
	劳务兼职	签订劳务协议，不实施劳动管理，以交付劳动成果为主；无须缴纳社保和住房公积金	《民法典》
	劳务派遣	劳务派遣单位签订劳动合同，由用工单位行使管理权；需依法缴纳社保和住房公积金	《劳动法》
	借调委派	签订劳动合同，由借入、借出单位 / 派出、接收派出单位共同行使劳动管理权，解雇权由签订劳动合同单位行使；借出单位需依法缴纳社保和住房公积金	《劳动法》
非劳动关系	劳务外包	由承包单位签订劳动合同 / 劳务协议，行使管理指挥权；外包单位需依法缴纳社保和住房公积金	《民法典》
	平台用工	通过网络平台签署合作协议，对服务提供方实施必要的服务管理，独立承包人通过网络平台接单，按客户需求提供服务；无须缴纳社保和住房公积金	《民法典》

如表 1-1 所示，如果管理者招聘实习生、退休人员等来满足用人需求，其成本较低（无须缴纳社保），甚至可以按合同约定随时解约，但其稳定性相对较差，且招聘难度不小。对于全日制劳动关系而言，用人单位负担的成本较重，不仅包括工资、社保、公积金，还涉及未来的离职补偿和严格的解除条件限制等。

当然，用人单位通过劳务派遣、劳务外包来解决工作需求也并非一劳永逸地免除了用工风险，如果管理不善，还可能增加新的风险。

---

① 适用《民法典》，则意味着可以自由约定合同解除条件，不涉及经济补偿等《劳动法》的保护。

案 例

业务外包变成事实劳动关系?

某公司系鲜果销售公司，部门经理张某希望将水果的卸货、分拣业务外包给第三方，而非直接招聘员工。后张某联络了某劳务公司，双方签署了《服务协议》，协议约定劳务公司向鲜果公司提供操作工、分拣工等服务。协议同时约定，劳务公司应提供员工信息表，鲜果公司与劳务公司按月结算劳务费等。

2018 年 2 月 8 日，劳务公司组织一批劳务工进入鲜果公司工作场所进行卸货，张某作为部门经理在检查劳务工身份证原件后放行，劳务工童某在该日从事分拣业务时摔伤骨折，之后未再向鲜果公司提供劳动。后童某申请仲裁，要求确认其与鲜果公司存在事实劳动关系。

庭审中，童某主张其实际为鲜果公司提供服务，接受鲜果公司劳动管理，双方成立事实劳动关系。鲜果公司则主张童某系劳务公司的员工，鲜果公司与劳务公司签订《服务协议》，三方属于业务外包关系。经查，劳务公司未与童某签订任何劳动合同。

解 析

本案管理者张某本希望通过劳务外包来分散风险，以为与劳务公司签订了《服务协议》就万事大吉了，殊不知童某并未与劳务公司签订合同。劳务工童某系第一天上班，在争议发生之后劳务公司也不愿意出庭作证，童某又确实在鲜果公司的工作场所受伤，仲裁委经审理后认为，鲜果公司负有提供相关证据以证明童某与劳务公司具有劳动关系的举证责任。鲜果公司提供的其与劳务公司签署的《服务协议》，不能证明该项主张，其又未能提供童某与劳务公司订立劳动合同、劳务公司发放童某工资或为童某缴纳社会保险或者加盖有劳务公司印章的员工信息登记表等相关证据，且劳务公司对鲜果公司的该项主张未予认可，最终认定童某与鲜果公司存在劳动关系。

该案经仲裁、一审、二审，最终判决鲜果公司败诉，童某继而申请工伤认定、鉴定，评定等级，由于童某未缴纳社保，鲜果公司不得已支付了十余万元的工伤赔偿金。

从上述案例可见，如果要使用第三方员工，无论是派遣、外包还是借调委派，均需审核服务人员与其所在公司是否签订劳动合同或劳动合同是否到期，否则很可能变成“事实劳动关系”，从而带来未签合同二倍工资、缴纳社保公积金、离职补偿、工伤待遇等一系列潜在问题。

从企业用工方式甄选角度来看，管理者宜充分了解各种用工方式的特点、相关法律要求，做出合适的选择。通常对于涉及公司核心竞争力、核心知识产权的工作空缺，宜通过自主招聘完成；对于一些非主营业务或阶段性的工作空缺，宜通过各类灵活用工方式予以满足。

管理者参与招聘甄选

发现和留住人才是保持企业竞争优势的重要方面。通常，培养一个优秀员工的难度远高于招聘到合适的人才，但是如果人才甄选失败，后期将面临极其高昂的管理成本，有些甚至引发劳动争议。同时企业又必须考虑到，招聘有其成本和时间约束，在短期内以低成本方式甄选到合适的人才并不是一件容易的事。

案 例

世茂集团的“全民伯乐”计划，让牛人推荐牛人

世茂集团是一家国际化、综合性的大型投资集团。对招聘时效性要求高、对人才质量要求高、对人才审核严格，是世茂集团招聘的主要特点。

2019 年 4 月，世茂集团开始启用“全民伯乐”计划，通过包括公司员工在内的推荐人推荐合适人员，让高人推荐高人、牛人推荐牛人。推荐人用手机点击进入公司提供的小程序，阅读岗位说明书后，可以快速上传简历，提供简短字段评价该候选人，即可完成所有步骤，操作简易方便。如果没有合适的人才推荐，推荐者可以将该职位转发给别人，该岗位候选人入职成功后，在六度人脉推荐范围内的转发者也有机会获得奖励。成功推荐候选人入职的推荐者及参与推荐过程的转发者，可以及时收到悬赏职位的奖励金。世茂集团不直接参与奖金的发放环节，而是提前将奖励金充入第三方机构，由第三方直接代发放。

据世茂集团 HRVP（人力资源副总裁）刘明广先生介绍，对内，HR 不断与业务部门磨合、沟通，利用业务部门经理的影响力，推动员工积极推荐人才，这是 HR 推动“全民伯乐”在企业内部有效传播的方式之一。除此之外，发动新同事积极参与推荐、提高奖励金；以各种形式不断宣传“全民伯乐”的操作方式及奖励机制；通过内部网站及微信公众号渠道报道成功案例；在 HR 部门开展竞赛、不断分享优秀案例是世茂集团人力资源团队内部推广“全民伯乐”的主要方式。

刘明广先生还分享了一组数据：2019 年上半年，通过“全民伯乐”进入世茂集团的

候选人数占比为40%，简历转化率为13%；与此同时，与去年同期相比，世茂集团的招聘人均成本降低28%，招聘总成本降低40%。①

解 析

从世茂集团启用的“全民伯乐”计划来看，其通过推荐人获取包括跳槽意愿在内的“人才情报”而不只是大篇幅网罗各式简历。公司员工作为推荐人熟知公司业务模块和招聘需求，其推荐的过程实际上是协助公司进一步筛选、降低招聘成本的过程，并且通过合理的奖励金设置，使得转发人员也能获得合适的奖励，“六度人脉推荐范围”的设置将公司内部资源和外部资源紧密对接，大幅降低了招聘的时间成本和人员成本。

需要特别指出的是，在“全民伯乐”计划中，业务部门经理及各级管理者的影响力被大幅运用，部门经理不仅参与后期的招聘面试，也参与招聘前期的荐选，其作为招聘计划的积极参与者，与HR紧密合作，共同满足各级业务部门的招聘需求。

一、选择合适的人才，而不是最优秀的人才

管理者时常发现，其向HR部门提出的招聘需求在很长时间内无法找到合适的人选，不仅浪费了大量的时间，而且导致部门的招聘成本增加。除招聘渠道等因素外，招聘失败主要有两方面原因：一是管理者未能精准地与HR沟通所需要的“人才画像”，如提出了不切实际的要求；二是管理者试图通过招募“士兵”的价格招募到英勇善战的“将军”，企业无法满足候选人的薪资预期。

管理者应当充分认识到，招聘工作受制于招聘淡旺季、企业影响力、薪酬待遇、候选人的期望等多方面因素的影响。管理者首先应当根据企业发展战略、部门工作职责确定拟招聘的岗位，并且明确该岗位设立的原因、主要的绩效产出、主要的工作职责、工作的衡量标准以及最低限度的任职要求（如教育程度、经验等），管理者应当自行制作该岗位的职位说明书，而非由HR闭门造车予以代劳。实际上，笔者在各大招聘网站查阅同一岗位的职位描述时，发现许多公司对于职位的描述只有两三句话，且不论如此描述是否能吸引候选人投递简历，仅凭表述内容本身就足以反映出管理者对该职位缺乏深

① 《世茂集团携手大易｜“全民伯乐”上线，让牛人推荐牛人》，载https://www.niutoushe.com/51850，访问时间：2020年7月13日。

度思考，如表 1-2 所示。

表 1-2　职位描述示例

A 公司的销售主管职位描述	B 公司的销售主管职位描述
生意管理：通过与内部客户合作达成销售目标； 美容顾问管理：培训与激励美容顾问团队； 专柜运作：维护专柜专业形象和确保专柜完美执行	管理销售团队及带领团队完成业绩目标； 通过电话、邮件等方式进行企业产品销售，并对潜在用户进行开发； 通过电话、邮件等方式与已有客户进行沟通，寻求二次销售机会； 建立和维护客户档案； 定期进行电话营销团队业务技巧的培训和提升； 收集和分析市场数据，并定期反馈最新信息； 参与销售合同签订、跟单、履行、回款与管理等相关工作； 参与建立及完善各项部门制度，使电话营销团队有序及可持续运作

从表 1-2 可见，同样对于销售主管，不同公司的工作职位描述差异较大，后者对于候选人职位描述的清晰度更高，更容易吸引候选人参与简历投递。

通常，一份完整的职位描述包含以下因素：

√　该职位在组织中的位置（包括上级主管、下属等信息）；

√　职位存在的目的；

√　工作网络（内外部与哪些职位或人员联系）；

√　主要工作职责（描述做什么而不是如何做）；

√　最低任职要求（教育程度、经验、语言、计算机技能等）；

√　职责的主要衡量标准。

除了职位描述，招聘广告中还会涉及任职要求，目前管理者往往过于重视硬性条件，这可能导致潜在的选择机会极少，如某民营企业拟招聘一名法务，月薪 15000 元，部门经理提出如下招聘要求：

√　男性，35 岁以下；

√　取得律师资格证；

√　三年以上集团法务工作经验；

√　有优秀的写作能力；

√　英文流利；

√　毕业于重点高校法学院。

结果这家公司招聘了大半年也没招到一个合适人选，原因无他，满足上述硬性条件的候选人要求薪酬不低于 3 万元，最后公司只能降低要求，招聘了某大学法学院应届毕业生。实际上，法务并不需要以具备律师资格证为前提，名校毕业也并不代表其有优秀的法务工作能力；对于一家平时主要用中文交流的企业而言，英文流利是“锦上添花”而不是“雪中送炭”，深入分析就会发现，这些任职要求多数与岗位的核心需求无关。

管理者可以向 HR 部门了解类似岗位的市场薪酬标准，公司提供的薪酬条件是否具有竞争力，如果市场需求无法满足，管理者必须及时调整任职要求，特别是一些硬性的任职要求。应当注意的是，公司招聘的是最合适的人才，而不是最优秀的人才。

二、面试≠面谈

在确定招聘需求、候选人提供简历后，企业往往会安排面试。考虑到用人需求在业务部门，管理者通常会参与面试，与潜在的候选人进行交流以确定是否招录。然而，通过简短的半小时面谈，管理者很难精确地掌握候选人的真实水平，目前面试的水分过大已是不争的事实，对于一些常见的问题（如自我介绍、为什么离职等），候选人可能已有精心的准备，管理者出现认知偏差的情况十分常见。

其实，面试并不等于面谈，通过面谈固然可以对候选人的着装、言谈举止、语言表达能力、应变能力等做出初步判断，但企业最应关注的仍是候选人的实际能力水平是否能胜任拟招录的岗位要求。实际上，给予候选人真实的业务场景并进行考察是较为有效的方式之一，以前述的法务工作为例，法务工作涉及大量的商务合同修改，管理者完全可以提供一份之前的客户合同要求候选人进行修改，并提交管理者以供评估。再如，公司拟招聘一名销售，可以要求候选人当场演示如何讲解公司的产品知识，以及制订针对某产品的销售计划。有人可能认为提供真实的作业环境会增加企业的时间成本，但与招错人的代价相比，这一做法显然要经济得多。

很多情况下，面试过程中候选人超常发挥，管理者也十分满意（面试官倾向于在不同候选人中择优录取），但其实际入职以后进入工作状态则漏洞百出。越来越多的公司开始考虑“试工”式面试，即告知候选人面试的组成包括一部分实际作业，如实际操作机器、撰写销售计划、起草答复客户的邮件等，在一周至两周内通过实践予以考察，其准确率显然比几次简短的面试、阅看简历要有效得多。

当然，为了控制“试工”成为事实劳动关系的风险，管理者与候选人应当签署相应的书面文件，明确告知某一阶段的实践性考察属于面试的重要组成部分，以降低被认定为事实劳动关系的风险。

三、讨论客观问题

即使管理者需要在短时间内通过面谈来解决人员甄选问题，面谈过程中也应尽可能回归到真实业务场景上来，避免一些假设性问题，如管理者宜问一些存在客观答案的问题，如：

√ 请描述一下您在上家工作单位的具体工作职责（必要时可要求候选人亲自书写公司组织架构图、具体的岗位职责描述）；

√ 请陈述您在上家工作单位历次岗位变更情况及历年的绩效评估结果；

√ 请陈述离职的具体原因（需要追问是辞职、协商解除还是被单方解雇）；

√ 请陈述对前任上级主管的管理方式 / 风格喜欢的方面和不喜欢的方面；

√ 请陈述前任上级主管是如何进行绩效评估、反馈的？

管理者可以采用行为事件访谈法（Behavioral Event Interview，BEI）来确定问话的提纲，该方法为美国著名心理学家戴维·麦克利兰首创。主要过程是请受访者回忆过去他在真实工作场景中感到最具有成就感（或挫折感）的关键事例，其中包括：

（1）情境的描述；

（2）有哪些人参与；

（3）实际采取了哪些行为；

（4）个人有何感觉；

（5）结果如何，亦即受访者必须回忆并陈述一个完整的故事。

在实施行为事件访谈法的过程中，可以通过 STAR 方法来深层次挖掘具体的行为细节。STAR 方法主要有四个问题：

S（Situation）：“那是一个怎么样的情境？什么样的因素导致了这样的情境？在这个情境中有谁参与？”

T（Task）：“您面临的主要任务是什么？要达到什么样的目标？”

A（Action）：“在那样的情境下，您当时心中的想法、感觉和想要采取的行为是什么？”在此，要特别了解受访人对于情境的认知和事例的关注点：受访人如何看待其他人（例如，肯定或是否定）或情境（例如，问题分析与解决思考）？受访人的感受是什么（例如，害怕、信心、兴奋）？受访人内心想要做什么？受什么想法的激励（例如，想把事情做得更好，让老板印象深刻）？

R（Result）：“最后的结果是什么？过程中又发生了什么？”比如，面试人员希望考察候选人的团队合作能力，如果按照传统的方式，则可能询问：“你和团队相处是否融洽？”候选人回答：“我和我的同事相处得都很好，彼此间沟通没有什么障碍，在遇到困难时也能主动提供帮助，大家相互分享信息。”显然，这样的问答并不能测试候选人的真实水平。

如果以行为事件访谈法开展对话，相应的对话场景需要进行如下调整。

问：你能分享一个作为团队一分子，与团队伙伴紧密合作的故事吗？

答：可以。我们公司在去年给一个重要客户做了定制项目，我和另外几个同事共同组成了项目组。大家分工明确，共同努力，最终给客户交上了满意的答卷。

追问：在这个项目中，你是怎样的角色？采取了哪些行动促进团队合作？提出了哪些有效的建议？最终达成的结果怎样？

如果受访者能给出所有细节，且符合“团队合作”的标准，那么管理者就可以放心打钩了。

四、背景调查如何“去伪存真”

在招聘过程中，用人单位越来越关注候选人的“诚信问题”，很多公司会让HR部门或者委托外部猎头公司进行背景调查，且背景调查的重点在于薪资、简历、学历、工作经历的真实性（去伪），大多通过候选人提供的证明人进行联络核实，其实际作用较为有限，甚至不排除候选人提供的联络手机是本人的手机号码。实际上，对于拟录用的候选人，管理者完全可以基于候选人的授权和配合完成特定事项的调查以供决策时参考。

以下是一些重点领域有待调查的事项。

1. **工作经历的真实性。**管理者可以事先通过面谈、书面记录等方式确认员工的具体工作经历（如要求候选人在简历上签名以证明其实际提交了该简历），而后要求候选人提供个税记录予以佐证；同时管理者可以对工作经历的完整性提出要求，即是否隐瞒特定的工作经历，并告知候选人如隐瞒工作经历也可能导致被解雇，希望其如实披露。除了工作经历本身的真实性，管理者还可以调查候选人离职的具体原因，并要求其举证证明。

2. **薪资信息的真实性。**管理者可以通过面谈方式固定员工报告的薪资数据、支付方式（排除现金发放），而后要求候选人提供银行转账记录加以佐证，如果候选人无法提供，管理者有理由相信候选人存在“诚信问题”。

3. **诉讼记录调查。**候选人是否与前雇主发生劳动争议是十分重要的信息，实际上，频繁发生劳动争议的员工之后与新雇主发生劳动争议的概率仍然较高。如果候选人确实与前雇主发生了劳动争议，管理者需要核实发生争议的原因，以便事后作出判断。以下网站可以查询员工的诉讼记录。

中国裁判文书网：http://wenshu.court.gov.cn/。

当然，在招聘阶段，管理者还可以主动调查一些与劳动合同履行相关的事项，包括是否有亲属在本公司任职、是否投资设立与本公司存在竞争关系的单位、近亲属是否任职于竞争对手单位等。可以将调查问卷随同 offer 一并发送给候选人，并要求候选人签回。

表 1-3 调查问卷示例

调查问卷 **（供求职者或新入职员工填写）**
公司致力于诚信开展业务，为避免利益冲突，公司要求求职者披露与劳动合同有关的事项，包括潜在的利益冲突。如果您对任一问题的回答为“是”，公司将考虑采取某些措施，包括但不限于撤销录用。
1. 本人或本人亲属是否在与本公司存在竞争关系的公司任职或拥有股份？ □无　□有　亲属姓名：　亲属关系：　任职 / 持有股份公司名称：
2. 本人或本人亲属是否在与本公司存在合作关系的公司任职或拥有股份？ □无　□有　亲属姓名：　亲属关系：　任职 / 持有股份公司名称：
3. 本人是否在其他单位任职或持有股份？ □无　□有　任职 / 持有股份公司名称：
4. 本人是否与原单位签订仍在生效期的竞业限制协议？ □无　□有　签署协议的公司名称：　剩余竞业限制期限：
5. 本人是否曾发生工伤（含职业病）？ □无　□有　发生时间：　伤残等级：
6. 本人入职前是否患有精神类、传染类疾病或其他严重影响正常提供劳动的疾病？ □无　□有
7. 本人是否曾从事职业病危害岗位？ □无　□有　离职前是否接受离职健康体检：
声明：本人保证以上所填报的信息真实完整无误。如有任何欺骗或隐瞒，即使被录取雇用，亦可作为日后被立刻解雇而不获得任何补偿之理由。本人授权公司在需要时对本人进行进一步调查，本人对此并无异议。 员工签名：　日期：

offer 的发放与撤销

在企业招聘实践中，offer 的发放往往由人力资源部门完成，但在 offer 设计之初，管理者有条件参与 offer 内容的设计，有些薪酬福利条件是通过双方多次沟通后达成的，一份完备的 offer 有助于控制双方的风险。

根据笔者的观察，目前 offer 的发放存在下列问题。

一、offer 的发放主体与签约主体不一致

在企业招聘实践中，确实存在招聘公告发布主体、offer 的发放主体与最后签署劳动合同主体不一致的情况，有些是总公司发放 offer，最后和分公司签约；有些是母公司发放 offer，最后和子公司签约；有些则干脆要求劳动者和劳务派遣公司、合作单位签约，这些将极大地增加录用的不确定性。

笔者认为，如果签约的主体和 offer 发放的主体不一致，则应当在面试时事先予以说明，或至少应当在 offer 中加以说明，否则有误导候选人之嫌，甚至可能引发争议，影响公司声誉。

二、offer 所涉及的薪酬未设置条件

offer 虽然并非正式的书面劳动合同，但其所载的内容往往作为后续双方履行劳动合同的依据，一些企业出于薪资保密的考量往往不在劳动合同中约定薪资，那么 offer 将成为劳动关系双方最重要的一份法律文件。

笔者曾处理过一起案例，公司给候选人发放的 offer 中约定配备车辆出行，后来公司执行公车改革，改向管理人员发放车辆补贴，遭到员工的抵制，员工认为当初 offer 中说好了配车，那么修改 offer 的内容就需要协商一致，而不能单方决定，最终公司忌惮法律风险维持了员工的配车福利。管理者应当考虑到，企业经营情况不可能一成不变，企业的薪酬福利制度、员工的工作岗位、企业的盈利状况等均可能发生变更，此时

如果仍然维系 offer 设定的薪酬福利条件，将极大地增加企业的成本，使得企业内部改革措施失去灵活性。

对此，用人单位可以在 offer 中注明“基于公司现有的薪酬福利政策、公司的经营状况以及您所任的岗位，公司提供下列薪酬福利条件……公司薪酬福利政策调整、经营状况发生变化或者员工岗位发生调整时，聘用条件随之调整”。

三、offer 未设置违约责任

目前，候选人接受 offer 后又反悔的例子并不鲜见。实际上，offer 作为一种预约合同，劳动关系双方完全可以设定相应的违约责任，即在 offer 生效后任何一方违约的，应给付守约方一个月工资作为违约金。

设置违约责任一方面要求候选人谨慎考虑是否接受 offer，另一方面也给予候选人相应的安全感，如企业违约也需要承担相应的违约责任。实际上，即使在没有约定违约责任的情况下，用人单位无正当理由单方撤销 offer，也需要向劳动者承担缔约过失赔偿责任，判例显示，多要求用人单位支付一个月至三个月工资作为赔偿。

四、offer 未设置撤销条件

如前所述，用人单位无正当理由撤销 offer 应承担相应的法律责任，但也存在候选人背景调查未通过、提供的简历信息造假、候选人与前任雇主签有竞业限制义务而未披露、候选人未能按照约定的入职日期办理报到手续、候选人在入职当天无法交付合格的入职材料等情况。在该等情形下，应当允许用人单位撤销 offer 而无须承担违约责任。

为控制风险，对于撤销 offer 的若干合理情形，有必要在录用通知中予以列明。

表 1-4 是一份完整的录用通知，供管理者参考。

表 1-4　录用通知示例

聘用通知书
致 ××× 先生 / 女士：
很高兴地通知您，本公司将正式聘请您为 ××× 公司雇员，基于公司现有的薪酬福利政策和您拟任的职位，公司提供下列聘用条款。
1. 聘用日期及聘用职位
自 ×××× 年 ×× 月 ×× 日起加入本公司，职位为 ×××××，岗位类别为 ×××，工作地点为 ××。

续表

2. 劳动合同期与试用期 公司拟与您签署为期 × 年的劳动合同，您需接受本公司为期 × 个月的试用期。同时，根据公司的入职要求，您需提供下列材料： 离职证明原件； 最高学历、身份证复印件；（交原件核对） …… 3. 薪金及福利 a. 薪金 您的薪金为税前薪金，其中：月工资人民币【××××】元，您需根据国家的有关规定依法缴纳个人所得税。 b. 社会保险及住房公积金 公司将根据国家的有关法规，为符合条件的雇员购买社会保险（包括养老、失业、医疗、工伤等）及住房公积金。 c. 年终奖金 公司可根据经营状况及员工绩效表现自主决定给付一定数额的奖金，具体按照公司的发放办法执行。 4. 有薪假期及其他福利 自获得聘用之日起，您可享有公司规定的其他假期（如婚假、产假、全薪病假等）及健康保险等。具体参照公司《员工手册》等规章制度的相关规定。 5. 个人所得税 个人所得应付税项由雇员自付，公司将在您每月的薪金中扣除，由公司代缴。 6. 聘用期内，公司有权根据您的工作表现合理调整您的职位或薪金，对于公司做出的合理调整，您应当予以服从。 7. 聘用期内，您应遵守公司相关政策及规章制度，相关聘用条件将受到公司根据需要调整的规章制度的约束，如公司薪酬福利政策或您的岗位发生调整，相关聘用条件随之调整。聘用期结束后，您仍负有保守公司秘密的责任。 8. 薪金属于公司要求高度保密的资料，请切记不可打探他人薪资情况。如有违反，公司将按严重违纪处理，直至解除劳动合同，请严格遵守。

续表

9. 以上未提及事宜，按公司《员工手册》及双方另行签署的《劳动合同》的内容执行。公司可依据未来的发展需要，对相关制度进行修改和更新，同时以上约定内容如与公司最新颁布的制度相冲突，则您同意按照公司最新颁布的制度执行。 10. 如您接受本公司的聘用，请您务必于 ×××× 年 ×× 月 ×× 日之前将签署完毕的本《聘用通知书》的原件交付到本公司，逾期未交付则自动失效。 11. 本《聘用通知书》的成立需要以您通过公司要求的《工作背景调查》为前提条件，公司有权要求您提供过往工作经验、教育背景、薪资及其他与工作相关信息的书面证明材料。若您最终未能通过《工作背景调查》或被证明提供虚假信息，公司有权因此而解除《聘用通知书》或《劳动合同》，公司无须给予您任何经济补偿或赔偿，且保留追究您法律责任的权利。 借此机会欢迎您的加入，希望日后能建立深远而愉快的工作合作关系。 ××× 公司人力资源部 2020 年 × 月 × 日 本人已收悉并同意接受公司上述聘用条件。 确认人签署：　　　　　　　　日期：

五、撤销 offer 未履行诚信沟通义务

在候选人无过错的情形下，用人单位因为组织架构调整等原因要求变更入职日期甚至撤销 offer 的情况并不少见，用人单位对给候选人造成的不便应表示歉意，如双方在 offer 中约定了违约责任，则应当严格按照 offer 条款执行。

如 offer 中并无违约责任的设定，也不能理解为用人单位无须承担任何责任，妥善的处理方式仍然是立即和候选人进行电话沟通，说明撤销的原因以争取候选人的谅解，另外，需向候选人发出正式的撤销 offer 的书面或邮件通知，此外在损失赔偿问题上与候选人争取达成一致，多数情况下如果沟通到位，候选人放弃赔偿的情况也较为常见，毕竟该类争议不属于劳动争议，起诉方需要缴纳诉讼费，而且漫长的争议也可能影响候选人下一步的求职。

入职手续办理二三事

在正式接受 offer 后，候选人需在指定日期前往公司办理入职手续。如果一切顺利，员工正常交付入职材料，公司办理入职交接，分配电脑工号等资料，员工正式进入工作状态或者接受公司安排的入职培训，候选人就与用人单位正式建立劳动关系了。

但实际执行中仍可能出现一些“变故”，需要管理者做出合适的反应。

一、员工无法提交完整入职材料

笔者曾处理过一起案件，候选人入职当日无法交付学历证明的原件供公司核对，业务部门经理则希望员工先尽快入职，允许员工后期补交；HR 则担心出现学历证明为假的法律风险，后来 HR 和部门经理紧急拨打笔者的电话，笔者的建议是先让候选人离开工作场所，待公司研究决定后再行通知。此后公司发现该候选人提供的硕士学位证明确实存在虚假情形，遂直接通知候选人撤销 offer。该案例如果当时没有及时处理，放任候选人进入工作状态，势必会导致双方劳动关系已经建立，接下来只能做解除劳动关系处理而非撤销 offer，即使能够合法解除劳动关系，用人单位也增加了工资、社保公积金等成本。

通常，在 offer 已经明确入职所需材料的情况下候选人仍然无法提供，大概率是不能提供上述材料，如果是因为忘记携带也应要求其立即返家取回，而不应笃信候选人一定能够补交材料。对此，管理者应当配合 HR 及时冷静地做出处理。

二、劳动合同未及时签署

如前所述，出于业务的考虑，有些管理者在候选人未能提供完备入职材料的情况下为其正式办理了入职，管理者同时要求 HR 在候选人完备入职手续后方与之签订书面劳动合同。实际上，这种做法会给公司带来极大的法律风险。

根据《劳动合同法》的规定，劳动关系自用工之日起建立，用人单位应自用工之日起一个月内签订书面劳动合同，否则应当向劳动者每月支付二倍工资。基于法律并未规定入职手续不全可以免除及时签署劳动合同的义务，更不影响双方建立劳动关系，故而用人单位仍应当正常与员工签署劳动合同，但可以要求员工填写书面承诺，如明确在指定时限内不能提供材料的，则视为试用期不符合录用条件，用人单位可随时解除劳动关系且不支付任何经济补偿金。

表 1-5　承诺书示例

承诺书
致 ××× 有限公司： 本人 ×××（身份证号码：____________）因个人原因未能在入职时提供离职证明，本人承诺于 ×××× 年 × 月 × 日前向公司提交上述材料，如逾期未提交或者提交的材料不被公司认可的，本人同意公司可按试用期不符合录用条件解除劳动合同且无须支付任何补偿金。
员工签名：　　　　　　　日期：

三、未做好入职交接手续

员工入职以后，公司可能会采集员工的部分个人信息，包括身份证号码、家庭住址、婚姻信息、手机号、个人电子信箱地址、微信号等以便未来的管理和沟通，该项工作通常由 HR 部门进行，但管理者应当予以相应配合。虽然上述信息涉及个人隐私，但劳动关系的建立本是劳动力和生产资料的结合，为了解劳动力情况，劳动者需要让渡部分隐私以满足企业的用工管理权，但用人单位对所知悉的员工个人信息应承担完全的保密义务，不得用作除聘用外的任何用途，否则将构成侵权。

除劳动合同的签署外，劳动者还需要配合签署公司的相关规章制度，包括商业道德行为准则、员工手册、入职须知等，如果该项工作由业务部门执行，则相应文件的当场签署、文件的保管和留存至关重要，应极力避免相关文件被代签、文件丢失、漏签等情况。管理者如果代表用人单位交付公司财产，如笔记本电脑、车辆、钥匙、文件资料等，应当做好相应的交接手续，避免未来在员工因转岗或离职履行交接义务时缺乏文件予以核对，给公司增加风险。

通常，管理者和 HR 可共同设计一份完整的入职交接表。

表 1–6　入职交接表示例

<table>
<tr><th colspan="6">入职交接表</th></tr>
<tr><th>类　型</th><th>项　目</th><th>描　述</th><th>交接人</th><th>被交接人</th><th>日　期</th></tr>
<tr><td rowspan="3">物品</td><td>笔记本电脑</td><td>品牌：
型号：</td><td></td><td></td><td></td></tr>
<tr><td>钥匙</td><td>文件柜钥匙 4 把</td><td></td><td></td><td></td></tr>
<tr><td>门禁卡 1 张</td><td>编号：</td><td></td><td></td><td></td></tr>
<tr><td rowspan="3">文件</td><td>×× 销售合同</td><td>原件 1 份</td><td></td><td></td><td></td></tr>
<tr><td>供应商名册</td><td>原件 1 份</td><td></td><td></td><td></td></tr>
<tr><td>……</td><td></td><td></td><td></td><td></td></tr>
<tr><td rowspan="5">电子
数据</td><td>电子邮箱</td><td>地址：</td><td></td><td></td><td></td></tr>
<tr><td>网络账户</td><td>用户名：
初始密码：</td><td></td><td></td><td></td></tr>
<tr><td>客户名单电子版</td><td></td><td></td><td></td><td></td></tr>
<tr><td>……</td><td></td><td></td><td></td><td></td></tr>
<tr><td colspan="5">备注：公司提供的网络账户仅供个人工作范围内使用，员工应定期修改密码，该账户将用于制度发布、休假审核、报销审核、绩效评估、工作布置等，该账户所有操作视为本人操作。</td></tr>
</table>

四、忽视入职面谈

虽然管理者在面试阶段可能与员工就岗位职责、任职要求等已进行了初步沟通，但在员工正式入职后，管理者仍有义务协助员工尽快熟悉工作环境包括同事关系，尤为重要的是与员工就所任职岗位的具体要求、现阶段的工作任务、公司的考核方式等进行充分沟通，让新员工能够尽快做好准备。

表 1–7　入职面谈表示例

<table>
<tr><th colspan="3">入职面谈表</th></tr>
<tr><td>员工姓名：</td><td colspan="2">所在部门：</td></tr>
<tr><td>面谈人：</td><td colspan="2">面谈时间：</td></tr>
<tr><td rowspan="2">面谈主要内容</td><td colspan="2">完成确认（签名）</td></tr>
<tr><td>面谈人</td><td>新员工</td></tr>
</table>

续表

代表部门欢迎员工的到来，介绍公司组织架构、企业文化、业务模块、团队人员构成及分工等		
解说《员工手册》重要内容及一些约定俗成的内容；公司基本行为规范、工作时间、考勤 / 日程 / 日志管理方式介绍；薪酬说明；网络账户基本操作及运用；提示：个人系统账号、密码不得告知他人登录		
介绍本部门职责、沟通渠道和方式、工作习惯等		
新员工工作描述、职责要求及新员工的第一项工作任务		
介绍试用期的考核流程、方式和要求		
其他未尽事宜		
具体面谈记录		

第2章 工作管理

快速建立信任关系

当一个人的动机被怀疑时，他所做的一切都会被蒙污。

——甘地

21 世纪，组织的基础是信任而不是权力。在当今协作沟通的世界里，信任是一种新的“货币”。当信任度低时，员工之间会互相猜疑，甚至会对他们的上级和组织产生怀疑。他们采取防卫性的沟通，揣测组织的“不良动机”，将导致成本增加，生产力下降。当信任度高时，沟通效率、创造力和敬业度增加，成本下降，生产力提升，关注点从对人的猜忌重新回到了事务上。

案　例

首饰加工厂不防盗未被员工偷垮

在国内贵金属加工大省广东，有两家完全不同的首饰加工厂。

第一家工厂在员工上班时如临大敌，每个员工要先走进更衣间，脱下外衣，穿上没有口袋、没有任何金属饰件的工作服，穿过一道金属感应门，才能进入生产区域。在接下来的八个小时内，没有特殊情况，员工不得中途离开生产区域，就连吃饭也必须在工厂食堂内。

第二家工厂似乎从来不担心员工盗窃问题。工厂内没有金属感应门，也不用更换衣物，员工打完考勤卡，就可以直接进入生产区。公司的金库打开后，每个员工从物料文员处领到自己的“小金箱”，就是一个带锁的铁皮箱，里面装的是生产原料：黄金、铂金、钻石和珠宝，来到自己的工位上，开始一天的工作。

到中午吃饭时，大家只要把“小金箱”锁上，放进部门的大金箱里，就可以去食堂或者工厂外面的小店吃饭。

下午上班时，再把“小金箱”领回，继续工作。下班时把自己的“小金箱”交回，经物料文员清点后，不用搜身就可以离开工厂。

后一家工厂会被员工偷垮吗？答案是不会，不仅工厂员工收入比同行高30%，而且，这家工厂比同行更赚钱，并且早在2010年就已经成功登陆A股市场。[①]

解 析

显而易见，后一家工厂采取的管理措施给了员工足够多的信任，也大幅降低了企业的成本。而实践中，层层设卡的企业中偷盗生产资料的案例仍然频频出现。

管理者与下属、与团队建立信任关系的重要性不言而喻，有些管理者认为建立信任是其“人格魅力”的体现，自己不善交谈可能无法建立此种优势。实际上，建立信任与人的性格特点无关，其完全属于可以被学习的技能。史蒂芬·柯维在《信任的速度》一书中，提及构建信任关系的四大要素是：

1. 诚信（我是一个诚信的人）；
2. 动机（我有做好事情的强烈动机和愿望）；
3. 才能（我有能力）；
4. 成果（我有好的绩效产出）。

笔者结合自己的观察和体会，对四大要素分析如下。

一、诚信

当前，诚信已成为多数企业宣传的价值观，不诚信的行为在组织内部往往会遭到调查甚至解雇，企业内的很多合规案件都是围绕不诚信行为而展开。当然，过于重视对不诚信行为的规制特别是对历史陈年旧账的追查是否有利于维护组织信任度是高层管理者必须高度重视的问题。

对于基层管理者而言，诚信的基础首先是自我信任，对别人的诚信建立在对自己的诚信之上。如果对自己的承诺都无法兑现，又何谈信守对他人的诺言呢？比如，早起定闹钟，明知道自己6点起不来，一定要将闹钟定在6点，结果到点了继续睡，这其实

---

① 选自《潮宏基首饰加工厂不防盗未被员工偷垮》，载 http://www.prnews.cn/press_release/53613.htm，访问时间：2020年2月16日。

是破坏了对自己的诚信。显然，“不积跬步，无以至千里”，建构对自己的信任，以下有一些建议可供参考：

1. 不轻易做太多承诺；

2. 像对别人的承诺一样对自己的承诺；

3. 不要冲动之下随意承诺；

4. 先从小事做起；

5. 写下自己的承诺。

除了对自己言而有信，在组织内部，管理者要善于培养“信任文化”，如某公司讨论一项假期制度，HR 提议员工休丧假应当提供死亡证明，部门经理则提出出于对员工的信任，是否可以考虑无须提供证明，只有在对员工持有合理怀疑时才要求员工提供。显然，休假提供证明似乎“名正言顺”，但死亡证明的开具需要时间和成本，员工的体感较差，也增加了企业的管理成本（审核、保管员工的请假资料都意味着管理成本的增加）。有些管理者可能担心，万一员工撒谎虚报请假事由怎么办？笔者认为，虚构亲属死亡骗取休假毕竟是小概率事件，并且即使公司要求提供休假证明也不能排除员工提供虚假休假资料的可能，充分相信员工的结果可能是员工更加珍惜公司的信任，处处对员工设防带来的结果可能是员工充分利用企业的每一处管理漏洞，反而得不偿失。

企业文化旨在引领众多员工遵守公司共同践行的价值观，企业文化非规章制度汇编，而在于一例例个案如何处理，培养“诚信文化”，管理者需要在每一件小事上亲自践行。有时诚信会与其他的价值导向产生冲突，管理者需要进行选择。比如，管理者发现员工上班时一直玩手机，经过多次提醒仍未改善，管理者试图填写面谈记录固定违纪事实并为纪律处分作准备，未想员工全盘予以否认，坚称从未玩手机，也从未被提醒过，此案如果仅从“证据”角度，无其他监控可以证明，只有管理者自身的“证人证言”，管理者实施纪律处分存在合规风险，但如果管理者因为追求“合规”而放弃处理则可能舍弃另一个价值导向——诚信，放弃处理的后果是给其他员工一个导向：“只要本人不签字不认可，则公司无法对我进行处罚”，似乎个案导向变成了员工因为不诚信行为而获益。在此情境，有些管理者仍然会继续进行纪律处分，牺牲“合规”而满足“诚信”。因为与个案的胜负相比，不诚信行为在组织内“流行”给企业造成的伤害更大。

二、动机

动机，是指行为人实施行为的心理状态和意愿。在组织内部，员工很关注管理者实施计划和行为的主观动机，究竟是“利己”还是“利他”。从心理学角度，坦诚分享管理者的动机有利于获得员工的信任。这也是政府和个人对于重大事件喜欢采用新闻发布会的原因。

在组织内部，信息不对称无时不在，管理者的动机更难以捉摸，很多管理者出于“权力”的考虑喜欢垄断信息，更善于“隐藏”自己真实的想法，以为如此会带来管理上的权威，员工会更加顺从，管理难度降低。实际上，从执行力角度而言，上传下达式的管理方式很难获得很好的执行效果，越来越多的员工关注“我为什么被安排做这件事”“为什么是我做而不是别人”“做这件事情的意义究竟在哪儿”，如果管理者不愿意主动沟通一项目标、一项任务的意义、目的以及管理者落实这件事情的主观动机，甚至在员工主动发问时仍然草率回复“让你干嘛就干嘛，赶紧去做”，那么不仅任务的执行效率会下降，而且员工对管理者的不信任感会增加，员工的猜忌有增无减，最终导致组织内部信任的丧失。

对管理者而言，动机不仅是想法和目的，还应该包含方案和行动。管理者应当诚实地公布事件的起因经过、个人遇到的挑战和困难、个人的真实想法，并且鼓励员工对方案和行动参与讨论，尽管管理者行使最终的决定权，但是讨论的过程是各方动机分享的过程，有助于在团队内部建立信任。

以下一些建议可供管理者参考：

1. 组织的利益应当被优先考虑；
2. 及时公布自己的动机；
3. 与员工讨论，分享彼此动机；
4. 鼓励坦诚相待，相互尊重；
5. 在工作领域，任何人不因不同见解而遭到排挤或处罚。

三、才能

才能，顾名思义，“才”是指“备而未用的知识、经验”，“能”是指“技能、能力”。如果一个下属诚实本分，但不具有胜任岗位的能力，这样的下属如何获得直属上级的信任？同样，如果管理者自身缺乏才能，其也难以获得下属的认可和信任，往往还会被下属理解为“才不配位”。

史蒂芬·柯维将“才能”用 TASKS 这个单词来概括，具体包括：

· Talent（天赋）;

· Attitudes（态度）;

· Skill（技能）;

· Knowledge（知识）;

· Style（方式）。

天赋，可遇不可求，管理者如有某方面的禀赋（如特别善于激励他人），则应当集中发挥自己的长处，而不是利用大量的时间改善自己的短处。卓越的管理者总是善于利用自己的长处。

态度，是管理者完全可以控制的范畴，“积极”还是“消极”、“乐观”还是“悲观”、“用心”还是“粗心”、“努力”还是“懈怠”、“抱怨”还是“积极寻找问题”，管理者建构正向的对人对事的态度极为重要。在组织内部，笔者发现态度端正但才能一般的员工被淘汰的可能性要远远低于态度不好但才能较好的员工。如果员工态度不好，管理者会担忧其对其他员工的负面影响，进而采取较激烈的处理手段，包括劝退或辞退。管理者应当在不同的业务场景宣传积极的态度，以激发团队士气。

技能，要求管理者始终有不断学习的心态，不断掌握与业务有关的知识，更好地进行时间管理，与优秀的其他管理者共同交流。管理者自我的成长始终是领导力的重要组成部分，管理者可以关注以下一些指标。

1. 学习成长的速度：管理者以前能做什么，现在能做什么；

2. 分享度：多大程度上给予和帮助他人；

3. 协作性：以什么样的速度响应他人；

4. 他人认可度：和他协作的同事是如何评价他的。

知识，指管理者了解并掌握履行职务所需的相关信息，一方面涉及管理学、心理学、法律等基础学科信息，另一方面也涉及公司的人员信息、产品信息、市场信息以及在自身专业领域的信息等，这些信息不仅用于解决工作中的问题，也用于与下属沟通、执行教导等。彼得·德鲁克在《管理的实践》一书中曾提及，教导是最好的学习方式之一，管理者教会下属是巩固自身所学的最好方式。需要指出的是，通过教授学习、组织学习的方式，不断获取新的知识是管理者应对组织变革的重要条件之一，亦是与下属建立信任关系的重要纽带。

方式，涉及管理者的沟通方式、管理风格以及决策偏好等。比如，有些管理者喜欢用邮件沟通，有些则喜欢面对面沟通；有些管理者喜好对下属进行全程指导，事无巨细地关注任务的进展，有些则倾向于充分授权，唯结果说话；有些管理者喜欢独自决策，有些则充分听取团队成员的意见。须知，管理和沟通的方式无所谓对错，具体应根据任务情景、下属的喜好、特点等调整，如有些员工不喜欢上级过度干预工作过程，此时如果管理者还是事无巨细地询问任务进展，可能导致下属的“反感”，认为上级对自己缺乏信任。当然，也有些员工喜欢他人督促自己，如果上级布置任务后不再过问，可能会觉得管理者对自己缺乏重视和关心。管理者需要从完成组织目标的角度去适应员工的价值观和偏好，而非要求下属一味地迎合自己的“方式”。

四、成果

成果即产出，也是一种思维方式。管理者应当关注结果是什么，而不是采取了何种行动：管理者如果能够带领下属完成组织预设的业绩指标，显而易见更容易获得员工的信任。“从行动到结果”“从才能到产出”，管理者应当培养下属新的思维习惯，“以终为始”，在日常工作汇报、业务交流中重点关注产出、对组织的影响等，而非工作时间、具体行动等。

表 2–1　从行动到结果的思维转变示例

行　动	结　果
我给客户打了电话。	我把东西卖出去了。
我做了研究，写了报告。	我的研究成果得到了认可。
我去上课了。	我学会了如何做演示。
我一直在节食。	我减掉了 13 磅。
我尝试了。	只有成功或失败，没有尝试。

管理的最终目的是通过他人的努力完成绩效、产出绩效，只有以绩效产出作为支撑，管理、信任、绩效才会产生正向循环。

信任是管理者成功的基础。“诚信”是地表以下的树根，是信任之树赖以生长的基础；“动机”是地表之上的树干，是信任之树成长的支撑；“能力”是树枝，是我们创造成果的能力；“成果”就是树上的果实了，是可见又可触摸的，是用以衡量信任的最终标准。一旦这些元素变成管理者性格的一部分，可信度就会渗透到周围的所有人际关系圈内，相互信任的环境能产生更大的创新、更高的士气、更多的成果。

五、导致失信的主要原因：缺失内部公平性

建立和维护信任不易，失去后再挽回则更难。在组织内部，管理者采取歧视性、针对性做法往往会迅速失去员工的信任，有必要引起高度重视。

比如，员工 A 平时绩效表现较好，总能及时完成工作任务，员工 B 则表现一般。近期上级主管程某发现员工 B 在一个月中有两次迟到的情况，而员工 A 也存在迟到的情况。为了不打击员工A的工作积极性，程某向人力资源部申请对员工B实施纪律处分。HR 经核实后认为证据确凿，向员工 B 发送了警告信。员工B对此提出异议，为何其他人迟到没有受处罚，只针对自己一个人进行处罚呢？

显然，就个案来说，程某申请对员工 B 的处罚有相应事实依据，且员工 B 确实违反了公司规章制度的规定，但问题的关键在于对于员工 A 有类似情形时，而程某并未进行同等处理，导致员工 B 认为程某对其处理具有针对性、歧视性，此后员工 B 不再努力工作，各种消极怠工行为频发，给公司管理造成了极大的困扰。

在企业内部，员工之间相互比较又相互影响，任何管理决策都应高度关注“内部公平性”，避免采取歧视性、针对性的做法，否则无论你的诚信如何、才能如何、态度如何、绩效如何，都将演变成“个人恩怨”，信任最终变成了“仇恨”。

如何制定岗位说明书

如果你想要某人做好工作，那就给他们一份好工作。

——弗雷德里克·赫兹伯格

在组织内部，员工和管理者对同一岗位的职责认知发生严重偏差的情况十分常见，很多时候双方只是对岗位名称达成了一致，但对具体的工作范围、工作内容的认知则大相径庭。问题的根源在于管理者从未给员工设定岗位职责，也缺乏相关的沟通。

显而易见，岗位说明书（Job Description，JD）是界定员工工作职责的基础。所谓岗位说明书，又称为工作说明书，是对特定岗位的工作进行分析整合而形成的企业内部管理文件。对于大多数成熟型企业而言，岗位说明书解决的是做什么、做到什么程度、什么样的人来做的问题。

案 例

岗位说明书可否作为员工工作改进的依据

2016年，杨某应聘进入某制药公司担任推广区域总监。上级主管在杨某入职时与其进行了沟通，并要求其签署《岗位说明书》,《岗位说明书》中记载推广区域总监属管理职系，岗位职责包括："1. 统筹制定所辖区域内产品的推广目标及策略，结合市场情况，合理设置和调整市场布局；2. 有效激励和领导下属开展推广工作，达到推广目标……5. 负责与下属进行面谈交流或指导，辅导及培养下属能力提高和潜能激发……"

2017年11月2日，直属上级向杨某发送邮件，内容为："9月初和你进行了第一轮的绩效改进计划面谈，并向你明确指出需要改善的内容：1. 大客户网络建设；2. 对下属大区经理的有效辅导；3. 区域策略的制定，关键问题的确定和解决方案，有效的行动计划；4. 跨部门的主动沟通。对以下三项内容……设立了目标和要求你采取的行动，时间期限为两个月……具体来说，在这两个月的时间内，你有没有按照我的要求完成以下行动：1. 是否积极拜访客户，具体拜访名单和拜访结果如何；2. 对下属有没有进行有效辅导，辅导成果如何；3. 第四季度和 2018 年的行动计划如何。”杨某未回复邮件，也未按邮件内容执行。

后制药公司以杨某多次不服从工作安排构成严重违纪为由解除了与杨某的劳动合同。杨某不服解雇决定，申请了劳动仲裁。庭审中，杨某认为上级安排的工作不属于其职责范围，制药公司则举证杨某入职时签署的《岗位说明书》，主张对其工作安排从未超越岗位职责范围。

解　析

由于知识、经验、技能的局限性，员工不可能从事所有岗位的工作内容，这意味着员工的工作职责应有合理的边界。直属上级与员工如未就岗位职责进行沟通，或者没有形成书面的岗位说明书，则在争议发生时，企业将处于被动。本案中，制药公司安排杨某在入职之初即签署了《岗位说明书》，约定了具体的工作职责。最终仲裁委认为，上级通过邮件向杨某发出工作指令的内容均属杨某职责范围之内，故无论该指令是否系基于绩效改进的要求，杨某均应完成指令所要求的工作内容，杨某在接到上级工作指令的邮件后仍消极不作为，明显有违劳动者应有的勤勉义务。综上，制药公司以杨某严重违纪为由与杨某解约，有事实依据及法律依据。

从上述案例可见，岗位职责的确定不仅关乎上级主管如何安排工作、是否有可能推进纪律处分，乃至于绩效评估、培训和发展、招聘等均与具体岗位的职责存在千丝万缕的联系，如果岗位职责缺失，完全以“上级安排工作”来代替，则员工的工作责任感极弱，也容易引发争端。

从企业实践角度，在岗位职责确定问题上，管理者应避免以下误区。

一、认为撰写岗位职责是 HR 的工作

岗位职责是管理者推进工作管理的基础文件，最了解下属工作的显然是直属上级，HR 部门虽然可以提供一些模板、分析方法供业务部门参考，但实际撰写岗位职责的仍然应该是直线经理，否则让 HR 部门直接撰写岗位职责无异于闭门造车。

管理者应当承担起撰写工作职责的重任，如果连下属的工作职责都无法界定清楚，显然不是一个优秀的管理者。

二、认为没有明确的岗位职责，管理者的自主权更大

有些管理者认为，企业经营情况一直在变化，如果事先明确岗位职责，反而容易“作茧自缚”；相反，如果没有明确岗位职责，则上级领导安排的所有工作，员工都有义务配合。实际上，这种做法是管理者放弃管理责任的体现，没有职责描述，则员工对自身的工作范围、性质、重要性、所应担负的责任等均缺乏清晰的认知，容易导致员工积极性、责任心受损。

另外，一旦就工作范围的合理性产生争议，则势必导致员工和直属上级关系紧张，稍有不慎还会引发劳动争议。

三、认为岗位职责口头告知即可，无须书面确认

如上文案例，如果制药公司只是口头告知岗位职责或者虽然形成了岗位说明书，但缺乏员工签名确认，一旦遇到不诚信的员工，仍然可能导致公司吃“哑巴亏”。作为工作管理的重要组成部分，书面确认岗位职责既体现管理者对于工作的重视，也是未来与员工进行沟通的重要依据之一。

四、将岗位职责和具体工作任务等同

岗位职责来源于公司战略和价值链的分解，先分解到部门职责，然后落实到具体岗位。岗位职责虽与工作任务存在联系，但并不等同。比如，把会计职责定义为“负责审核单据”“负责核对预算”“负责核实报销金额”，显然混淆了岗位职责和工作任务的区别。

表 2-2　岗位职责相关概念区分

Mission（使命）	我们为什么存在？
Vision（愿景）	我们看到怎样的未来？
Strategy（战略）	什么对总体成功最重要？
Objective（目标）	近期我们应该聚焦什么？
Key results（关键成果）	怎样知道有无实现目标？
Department JD（部门职责）	怎样实现目标？
JD（岗位职责）	

岗位职责指具体岗位上应承担的重点工作内容和工作模块。比如，根据公司的生产

任务组织生产，完善公司薪酬福利政策、管理制度及预算方案，构建良好的薪酬激励体系，等等。

五、岗位职责一成不变，且无员工参与

很多管理者在员工入职之初就设计了一份岗位说明书，此后企业经营业务虽然已发生很大变化，但员工的岗位职责描述仍未更改，导致岗位说明书严重滞后于企业发展实际。

作为管理者，应当与时俱进，根据业务的变化随时更新岗位说明书。此外，岗位说明书的撰写可以充分鼓励员工参与，让员工自行思考、书写自己所认为的岗位职责，管理者则根据实际需要进行修改调整，必要时和员工进行充分沟通，争取双方对同一岗位的职责达成共识，特别是各项职责的重要性程度，以此建构良好的沟通基础。

关于撰写工作职责，以下一些意见供管理者参考：

1. 通常格式：动词（少用负责、管理等模糊性词汇）+ 工作内容 + 工作结果；

2. 按照岗位职责的重要性顺序填写，重要的职责填写在前面；

3. 不同工作职责之间“互斥、穷尽”；

4. 对该岗位在每一项主要职责中所承担的具体工作内容进行界定和区分，即明确承担的是领导（工作）、组织开展（工作）、具体执行实施（工作）、协调（工作）还是监督（工作）。

常见的动词示例：

· **操作性的：**修改、支持、参与、协助、传达、收集、传递、提议、确认、汇报、演示、维护、检测、检验。

· **一般性的：**推动、分析、研究、遴选、提出异议、激励、谈判、发展、指导、履行、制定、评价、评估、推动、审核、保证、督导、建立、预测、提高。

· **高阶性的：**决策、组织、统筹、计划、控制、指派、指定、批准、授权。

表 2–3　岗位职责说明示例

1. 基本信息	日期：
组织： 职位： 主管职位：	部门： 任职者： 主管：
（基本信息明确职位在组织中的位置；每年制定业绩目标时，职位描述需要更新并重新签字）	

续表

<table>
<tr><td colspan="2">2. 职位存在的目的（职位存在的理由、限制和目标）</td></tr>
<tr><td colspan="2">3. 工作网络
内部：
外部：</td></tr>
<tr><td colspan="2">4. 最低任职要求
教育程度 / 经验：
专业知识 / 技能：
语言：
计算机：
其他技能：</td></tr>
<tr><td colspan="2">5. 主要职责（5—8 项）
主要的职责和贡献
（关注长期、持续的职责，不考虑时间；描述做什么，而不是如何做）</td></tr>
<tr><td rowspan="2">6. 衡量标准
（如何证明在这个职位上取得好成绩？衡量标准越少越明确）</td><td>客观标准
数据：合同金额、销售额、运营成本、产量
比率：缺勤率、毛利率、流失率、利润率</td></tr>
<tr><td>主观标准
价值衡量：服务效度、服务质量
一般描述：主管、客户的满意 / 不满意及主管的意见、客户的反馈</td></tr>
</table>

高效布置工作的误区

管理者向下属布置工作是最常见的业务场景之一，很多情况下，管理者抱怨下属“缺乏执行力”，导致组织绩效受到很大的影响。诚然，执行力与企业环境、员工素质、员工能力、员工意愿、员工责任感相关，但管理者如何落实工作布置也直接影响执行力的效果。

案　例

员工对工作布置提出异议怎么办?

张某是某公司的电气技术员，平时主要负责设备维修等工作。2019 年 8 月 18 日，张某的上级经理毛某向张某发送了一封邮件，要求张某于 2019 年 8 月 26 日前提交同年 1 月至 7 月维护维修工作总结、独立完成次数、协作完成次数及合理化建议。张某在《合理化建议提案表》中写道：“如以恶小而不止，难以善小而求之，如以恶小而美之，善小而就无从之”，并将该提案表上交给毛某。毛某收到该提案表后很生气，并通过邮件再次要求张某：“请注意你的工作态度！”

2019 年 8 月 27 日，张某通过邮件回复毛某称“你写汇报，我们员工没有法定义务帮助你回忆所做的工作及合理化建议，帮你是客气，不帮你是本分，这点你要搞清楚，如果一个领导一年下来都不知道员工在做什么的话，是不是也该反省反省……对于合理化建议，这也不是法定义务，员工的文化水平各有千秋，写的内容离题，可能五花八门，这也很正常，如果一条合理化建议能让一个管理者看到后暴跳如雷、上纲上线，以后谁还敢和你说话……”

此案例的最终结果是张某被公司解雇了。但是毛某作为张某的上级，其工作安排是否存在问题呢?

解　析

诚然，一方面，员工接受用人单位的管理和指挥是劳动关系的应有之义，用人单位是拟制主体，其主要委托各级管理者对员工实施劳动管理，这也意味着员工在日常工作中应当服从管理者合理的管理和工作指派。但另一方面，员工对各级管理者善意行使管理权抱有合理期待，任何权利的行使不得滥用，这意味着管理者需要考虑个案的具体情况，合情合理地指派工作，并注意方式方法。

本案中，张某作为电气技术员，确有从事设备维修的工作职责，也掌握部分信息和数据，但是其直属上级毛某要求张某在短时间内提交半年内的维修工作情况等，此并非张某例行的工作任务，从合理行使管理指挥权的角度，毛某宜先与张某进行面谈或者电话沟通，表明安排此项工作的原因、目的以及询问张某有无完成工作的困难等，必要时还应给予张某指导。毛某在缺乏事先沟通的情况下安排一项非惯常性工作，在信息不对称的情况下极易遭到员工的反感甚至反对。应该指出，张某虽缺乏对同事和上级必要的尊重，但毛某作为掌握更多资源的管理者，不应轻易被下属不恰当的举动所激怒，比较妥善的方案仍然是与下属进行一次面对面的沟通，澄清误解，而非如本案例中的毛某继续“发号施令”，最终导致双方矛盾激化。

管理者正确、善意地行使管理权十分重要，越来越多的员工在日常工作中需要被尊重和理解、参与沟通，而非被动接受指令。因此，高效的工作布置需要考虑多方面因素。

一、惯常例行工作应通过制度、流程予以明确

某种程度上，管理者的日常工作中，“工作布置”的比重应降到最低，大量高频发生却又十分关键的工作任务应事先通过流程、制度、制作岗位说明书等加以事先明确，在相关工作开始之前就已经和员工达成“契约”，管理者只是行使监督、检查的职责或者对例外情形做出处理。

相反，如果管理者不去区分各类工作的频率、重要性，不试图通过流程、制度、文件来规范员工的工作，势必会发现其被淹没在“工作布置”的汪洋大海之中，并且由于员工缺乏对工作的认知，频繁“请教”管理者，浪费组织内最宝贵的资源——“时间”。管理者应当试图成为“剩余问题解决者”，大量重复、惯常的问题和任务应当通过系统化、流程化、书面化方式加以解决，如此才能腾出更多精力处理其他事务，包括培训

和发展下属等。

图 2-1 根据低频、高频、重要、不重要对工作内容进行区分，管理者可根据不同的业务场景作出判断。

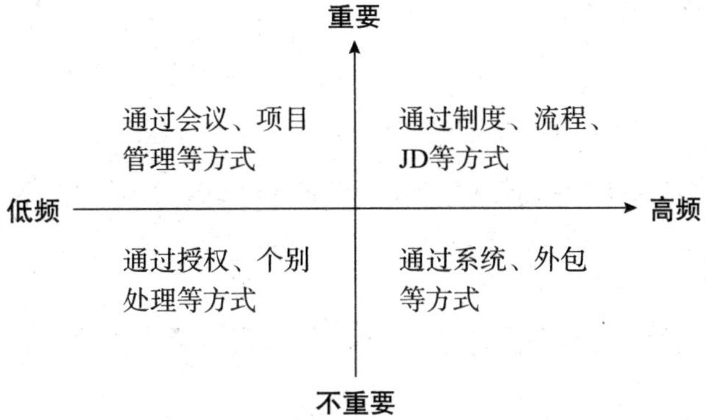

图 2-1 工作内容四象限区分法

二、对临时性工作任务应做好充分沟通，明确时限、完成标准和匹配的资源

如图 2-1 所示，如果并非员工的例行工作，而是组织临时布置的工作，有些任务重要又紧急，如一家防护服生产企业因防控疫情需要加班加点完成每日 3000 套的防护服生产任务，作为生产主管，则有必要对该临时性工作进行针对性部署。

生产主管有义务介绍突击生产的背景，如目前疫情防控任务艰巨，防护服生产对于维护医护人员和普通公众的健康具有至关重要的作用，本次突击生产事关企业声誉，也直接影响疫情防控等。管理者宜组织会议或面对面沟通等（如员工可能对自身的健康安危产生疑虑等），解答员工的疑惑，在员工和上级达成共识且相关任务、指标、期限、资源匹配都完备的情况下，管理者临时布置的重点工作的执行成效才能得以保证。

管理者应当注意，布置任何一项工作，不仅要关注企业的利益，也要关注执行人员自身的利益，必要时可通过多种手段实施工作激励，如临时增加生产奖金、评奖、工作产出公示等。

三、重要的工作布置应当“看得见”“可追溯”

任何工作布置，实施工作前的充分沟通自然十分重要，但很多管理者在重视沟通的同时忽略了另一项基础工作，仅仅通过会议、口头方式布置工作任务，无任何“痕迹”

可寻。

管理者设置的目标、期限、衡量标准等宜通过书面方式予以固定，并安排参与人员签名确认，该种方式并非表达对员工的“不信任”，而是在于作为管理记录的一部分，有利于事后的检查、确认、追溯。

通过书面方式与员工达成“契约”，某种程度上是最好的管理方式之一，因为社会正常运转的维系主要靠契约，不同组织之间的契约网络维系着整个社会的正常运转。管理者落实书面化管理，有利于提高员工的责任感，也更加激励员工重视这项工作，与未及时完成工作任务相比，员工更不愿意违反自己的承诺。

四、工作布置后应定期追踪、回顾和问责，确保执行力

贝恩咨询公司在一项关于组织变革的核心研究报告中指出，“大约65%的行动方案，需要一线员工行为习惯的积极改变，这也是很多经理在制订计划时最容易忽略的地方”。对于重要的工作布置，管理者不应在发号施令后就束之高阁，而应跟进工作的执行情况。比如，设置任务进度表、及时记录和公示团队员工的进展情况；再如，要求员工定期汇报工作进展、在部门例会上汇报工作执行情况等。

对于执行过程中出现的问题，管理者应及时指出并与员工共同解决，对于无正当理由拖延工作进度的情形，管理者应积极问责，要求员工对此承担相应责任。研究表明，通过“可视化”的进度表、积分表等方式推进工作管理，有利于改变员工的行为习惯，不仅能提高执行力，而且能极大地激励员工更好地完成工作。

制度建设的三大必要条件

如前文所述，对于高频、重要的工作内容，管理者宜通过制度、流程等方式进行处理，执行标准化操作，以减少误差、沟通成本和执行成本。其中，管理者将业务执行中的若干事项、惩戒措施、激励手段等通过制度予以明确，有利于更好地提高员工的执行力。

毫无疑问，与“一对一的工作布置”相比，通过制度进行管理有无可取代的优势，管理者的个人权威变成“制度权威”，而在制度面前“人人平等”，有助于解决内部公平性争议（为何安排我工作而不是他/她）。

推动本部门的制度建设是管理者承担管理职责的重要体现，管理者不应将制定规章制度理解为HR的权责，更不应把制度流程建设理解为自身的工作负担。某种程度上，制度建设越健全，管理者的负担越轻。制定或更新一项制度有赖于管理者的系统思考和亲自参与。

结合相关法律法规，通常一项制度的生效需满足三大条件。

一、主体要件

谁有权制定制度？显然，作为企业的业务部门或内设机构，其制度的制定来源于企业的授权。涉及跨部门的制度和流程，则需要提请更高级别的管理者介入。需要注意的是，业务部门牵头制定一项制度，虽然只能约束某一部分员工，但该项制度的发布仍然应以用人单位的名义进行，以体现不是某部门的制度，而是企业规章制度的重要组成部分。

此外，为了减少适用上的分歧，管理者应当注意一项制度适用于哪些岗位，如对于销售提成制度，普通销售员、非销售部的员工、已提出离职的员工、销售总监等是否属于制度的适用范围，需要按照“穷尽、互斥”的原则进行列举，避免产生歧义。

常见的业务部门的制度包括《生产管理制度》《采购管理制度》《销售管理制度》《市

场管理制度》《研发管理制度》《设备管理制度》《行政管理制度》《人力资源管理制度》《供应商管理制度》等。

二、内容要件

任何一项制度自然包含相应的内容，但是如果内容不明确、太苛刻甚至不合法则可能导致员工的执行力大打折扣。制度内容不明确是企业管理的重灾区，有必要引起管理者的高度重视。

案 例

违反企业内部禁令就是严重违纪行为吗?

一家物业公司的工程维修部门出台了一项制度，严禁维修人员私自收取业主的费用（如为业主更换锁具），所有的资金都应该通过企业进行处理。作为部门负责人的王某安排下属所有员工进行培训学习并完成“签到”。2018 年 6 月，员工李某被举报存在收取业主费用为业主代购锁具的情形，王某约谈了李某，李某对收取费用的事实无异议，但认为个人并未从中获利，只是为工作需要执行了代买，未从中赚取差价，更未对公司造成任何经济损失。但是王某认为李某的行为性质严重，违反了公司颁发的禁令，故而向 HR 部门申请解除李某的劳动合同。李某在被解雇后申请了劳动仲裁，要求恢复其与物业公司的劳动关系，继续履行劳动合同。

庭审中，李某对收取客户费用并无异议，但提出公司的政策虽然规定禁止收取费用，但并未规定收取费用的不同情形，更未规定收取费用的处罚后果。最终仲裁委以物业公司制度内容不明确为由判决公司败诉，李某可以继续前往公司上班。

解 析

本案中，李某的行为不妥自无疑问，但严禁某项行为只代表公司对该类行为予以否定性评价，该行为是否足以导致劳动合同解除仍需由制度加以明确。毕竟对不当行为的惩戒，有警告、记过、通报批评、解雇等多种手段，为了符合处罚的“比例原则”，避免“轻过重罚”，用人单位应根据不同情形设置对等的处理手段，通常而言解雇为最后手段。案例中，物业公司的制度未列明违规后果，公司也未举证李某的行为给公司造成了客观损失或其他严重不利影响，仲裁委行使自由裁量权裁定公司违法解除劳动合同并无不当。

由上述案例可见，管理者推进制度建设必须充分考虑各类情形，在对员工“提要求”的同时还需要“明后果”，以避免纷争。有些管理者担心灵活度、自由度不够，往往喜欢在制度中规定“如违反上述情形，公司可视情节给予警告、严重警告、记过乃至解除劳动合同的处理”，殊不知这种规定极易导致理解上的分歧，且用人单位作为行使管理权的主体，一旦就具体条款理解产生分歧，仲裁机构或人民法院则倾向于按照“有利于员工的角度”进行解释。

一项制度通常包含两方面内容，一为实体内容，即员工应当做什么及不做、晚做、做错的后果；二为程序内容，员工应当如何做、做的时限、完成何种审批、向谁进行汇报等。只有两方面内容完备，才能称为一项完善的制度。以销售提成制度为例，实体内容包括计提销售提成的业务范围、计提的标准、取消或减少提成的常见情形等；程序内容包括员工申请销售提成的审批程序、制度适用的时间范围、涉及员工提前离职的处理等。任何一项制度都应考虑在群体、时间、空间、权利义务界定上存在的各类问题，并通过制度给出明确的解决方案。

三、程序要件

很多管理者认为，“资本雇佣劳动力”，企业制定规章制度是企业的权利，员工只有被动遵从的义务。这种理解是片面的，按照劳动法的规定，企业有制定规章制度的“权利”，也有制定规章制度的“义务”，但是对中国劳动法项下的政策制定，员工也并非毫无“权利”可言。

首先，员工对任何一项涉及自身利益的政策的制定、废止或更新具有“发言权”和“建议权”。劳动法明确规定用人单位在制定或修改规章制度时与工会、职工代表或全体职工进行协商讨论，征求员工意见，该流程被定义为“民主程序”。在司法实践中，一项由管理者“拍脑袋”决定，没有履行“民主程序”的制度将被认定为“无效的制度”，从而对员工不具有约束力。显然，规章制度失去约束力是所有管理者都不愿见到的局面，需要极力避免。当然，员工、职工代表或工会虽对制度制定具有“发言权、参与权”，但决定权仍归用人单位行使。

有人认为，规章制度内容的最终决定权归管理者行使，那么是否意味着征求员工意见只是“形式上的流程”“形式上的民主”呢？笔者认为该种理解失之偏颇，如果一项制度遭到80%的员工反对，那么其执行效果如何自然可以预测。政策制定的过程中听取员工的意见，不仅是法律所需，更是管理所需。听取意见的过程能够让管理者充分反思制度存在的漏洞和弊病，管理者可以根据员工的意见对制度进行修改、完善，甚至吸纳部分员工的合理化建议，这更有利于政策的落地实施。相反，如果不听取员工意见而擅自施行一项制度，轻则员工消极怠工敷衍了事，重则员工集体停工罢工，给企业带来巨额经济损失。

在现代社会，员工对参与企业事务有极大的热情，缺乏员工参与的管理措施、政策更新很难得到员工的支持，管理者亦很难获得满意的管理效果。管理者应当知晓，高度的参与感往往也会带来高度的责任感，从而为制度实施增加保障。当然，在极端情况下，员工的意见无法被公司采纳，管理者也应履行沟通义务，解答员工的疑惑，争取获得员工的理解。

其次，一项政策的制定和更新，在履行民主程序之后，管理者还有义务确保员工理解其中的内容，掌握其核心要旨。在笔者办理的诸多案件中，有些管理者通过PPT讲解一项更新后的提成制度，而后要求员工执行。结果发生争议之后员工否认知晓这项制度及其内容，或要求按照更早的提成制度执行。由于管理者讲解PPT并无痕迹可寻（未拍照也未录像），员工是否参与该培训亦无培训签到等书面记录加以证明，虽管理者辩称该制度已经实际履行，员工应当知晓，但该观点未被法院采纳。法院认为规章制度的更新应履行告知义务，用人单位有义务证明其已切实履行该项义务，仅凭打印的PPT不足以证明员工已知晓制度的内容，最终法院按照过往的政策认定了员工可获得的提成。生效判决导致离职员工与在职员工所获提成差异较大，给公司销售管理带来极大的困扰。

因此，一项制度应先“成文”后“告知”，尽管法律表述为履行“公示或告知义务”，但仅通过OA系统公示、张贴布告栏、存公共盘等方式仍然存在较大风险，员工可能主张管理者从未通知员工前往系统查阅。故比较妥善的方式是管理者先完成相应的培训，并要求员工在政策或者培训签到表上签名，如果是通过电子系统进行的，应确保员工账户已有阅读的痕迹。

总之，管理者要完成一项政策的制定和更新，务必兼顾以上三大要件，既为提高执行力，也为控制相关的法律风险。

有效工作反馈四要素

管理者对员工的工作进行反馈是高频业务场景之一，工作反馈有助于建立管理者与员工的信任关系，也有助于员工理解管理者的期望，纠正不当的行为和做法，改善自身绩效，最终满足组织的绩效预期。

然而，管理者认为员工应当“自觉发挥”“自己去悟”，无须进行工作反馈的情形仍较为常见。有些管理者则认为员工应当主动发起沟通，有些管理者则在工作反馈的方式方法上存在问题导致上下级出现矛盾。更为极端的是，由于缺乏有效的工作反馈，优秀的员工纷纷离职，而绩效不好的员工则与公司发生纠纷。

案　例

如何对绩效欠佳的员工进行工作反馈？

2019 年 3 月，小李通过网络招聘方式进入某公司，双方签订了三年期劳动合同，试用期三个月。2019 年 7 月，小李的月度考评为小组最后一名，其中 7 月上半月的配件生产数量未达到目标数的 70%，下半月小李因断断续续请病假等原因仅完成生产任务数的 30%。高某作为小李的上级，于 8 月 31 日下午下班前通过电话形式与小李做了一次沟通。高某说：“你这个月生产任务数倒数第一，希望你能好好找找原因，团队需要每个人的努力。接下来有什么需要帮忙的可以跟我提，当然我希望你能够尽快提高自己！”小李回答：“我知道了。”高某说：“马上要下班了，你先回家好好想想！”

问题：上级主管高某对小李的工作反馈存在什么问题？

解　析

案例中，小李实际上通过了三个月的试用期，可见小李试用期内的工作表现得到了上级的认可。然而小李在 2019 年 7 月的绩效产出上存在问题，到底是身体问题、意愿问题还是技能问题，需要作为上级的高某进行必要的沟通和了解。所谓工作反馈，其实就是与员工进行有效沟通的过程。案例中，高某的反馈和沟通存在如下四方面问题。

一、反馈的时机

著名畅销书作家丹尼尔·平克在《时机管理》一书中曾提及，什么时候做事有时比做什么事更为重要，在企业管理实践中尤其如此。以2019年3月下属存在迟到情形为例，如果直属上级在2019年4月进行沟通，可能被员工解读为“及时指正”，但如果到2020年3月才沟通一年前的迟到问题，往往被员工解读为管理者试图“秋后算账”。

如前述案例中，小李在2019年7月出现绩效产出问题，最合适的时间是2019年7月中旬即进行干预（此时低绩效结果尚未发生）。退而求其次，管理者如果因平日工作较忙等，至少可在2019年8月初进行沟通，但案例中的高某直到2019年8月底才安排沟通，显然错过了最佳的沟通时机。

二、反馈的形式

沟通的形式关乎企业成本，更与沟通的效果相关。管理者可以通过电话、邮件、微信、一对一面谈等多种方式与员工进行工作反馈和沟通，但采用何种方式应当与沟通的场景、重要性相关。对于关乎员工绩效产出（可能导致员工被淘汰）、包含较多个人情感因素的事项，管理者宜采用一对一面谈方式进行沟通，一为警示员工沟通的重要性，二为更深入了解员工的想法。

案例中，小李刚通过试用期就出现产出不足的问题，不仅影响小李的自我评价、对未来前途的担忧，也关系高某所应承担的生产任务是否能完成。故而该次沟通无论对小李而言还是对高某而言都十分重要。然而高某并未重视，只是安排以电话形式与小李进行了沟通，显然无法达到预期效果。电话沟通往往无法观察对方的表情和其他非语言信息，管理者所获知的信息极为有限。恰当的做法是高某与小李事先安排一对一面谈的时间、地点、应做的准备等，而不是“突然袭击”。

三、反馈的内容

考虑不同的场景、个体的差异等，管理者与员工应进行何种内容的沟通实际上无标准答案可循。但管理者在沟通内容上常犯的错误则完全可以避免。

1. 缺乏感情支持

管理者应当知道，虽然“就事论事”“对事不对人”更显务实和公平，但所有员工都是具有丰富感情的个体这一点不容置疑。在发生消极的业务场景时，如员工绩效产出未能达标，最难过、最担心的并非管理者本人，而是当事员工，管理者洞察员工的“情感状态”十分重要，在此基础上的“情感支持”则对沟通效果产生深远影响。

示例 1：“你这个月的产量不太乐观，可能有很多方面的原因，我注意到你比任何人都担忧和难过，我作为你的上级也很着急和担心，但是你放心，只要我们好好沟通、分析总结、查漏补缺，就一定能够改善现状，对自己一定要有信心好吗？”

示例 2：“小李，这个月的产量怎么这么差？几乎倒数第一啊，怎么回事呢？”

显然，示例 2 带着责备、责难、数落的语气，不仅没有表达任何情感上的支持，反而给员工的自信心以沉重的打击，对于员工的心理状态而言无异于“雪上加霜”。而示例 1 的沟通内容虽难称完美，但能让员工感受到“他是支持我的，他和我站在一边”。通常，员工十分在乎管理者的立场，是支持还是嫌弃，是鼓励还是抱怨。如果员工觉得上级主管并非“战友”而是“敌人”，那么后期所有的沟通内容都是无效的。

2. 缺乏正面导向

管理者倾向于认为“问题导向”更有助于问题的解决，“分析失败的原因”更容易导致成功的结果，但往往事与愿违，积极正面的沟通更容易激发个体的创造性、积极性。与深入分析失败的原因相比，管理者与下属沟通成功的原因则更有成效。

如前述案例中，小李通过了试用期，可见其试用期的表现得到了上级认可，是什么原因导致小李在试用期获得了成功，成功的关键是什么？影响因素有哪些？如果高某与小李的沟通内容导向是对过去成功原因的分析，则更容易取得小李的积极反馈，甚至小李会自行分析失败的原因，希望上级给予指点和提示。

管理者应当相信，任何一个员工都有成功的先例、案例和事例，特别是那些工作多年的员工，管理者激发下属对于过往“优秀表现”的追忆，更容易达成沟通目标，相反，不断追问“为什么……为什么……”对问题的解决并无助益。即使要聚焦特定的问题，管理者也可以从如何做到更好的角度或以未来如何改进的视角去沟通。

3. 缺乏行动计划

管理者与员工沟通不仅要着眼于现状的描述，更应着眼于未来的改进，管理者应询问员工需要自己所提供的支持和资源，并为下属提供下一步的行动计划，当然这样的行动计划可以由下属先行提交，而后由管理者进行修订完善，最终作为双方执行下一步跟进反馈的依据之一。

如前述案例中，高某对小李的沟通并没有下一步的行动计划，作为下属的小李可能也不知道下一步到底应该怎么做。管理者需要扮演导师的角色，激发员工对现状和问题的思考，提供自己的一些新的考虑问题的角度。如果管理者只是对员工进行“友情提醒”，指望员工在下一阶段继续“自觉发挥”，则往往会事倍功半。

四、反馈的痕迹

管理者对员工执行重要的工作反馈，建议以有痕迹的方式进行，包括面谈记录、邮件告知、改进计划等方式。采取有痕迹的方式一方面是为了做到有据可查，另一方面如果就有关事项产生争议甚至发生仲裁、诉讼，则用人单位对员工的管理要通过司法审查必须提供有效的证据加以证明。

管理者应当知晓，留下管理的“痕迹”不仅是一种自我保护措施，也是控制企业潜在风险的重要措施之一。

员工激励的“陷阱”

笔者经常给企业管理者授课，在授课前的调研中，管理者常常提出以下问题：“没有晋升机会，如何激励？”“年轻员工生活条件比较好，没什么压力，业务上狼性不足怎么办？”“骨干员工有离职意向，因薪酬待遇一般、发展空间小，该如何挽留？”这些问题无不与员工激励相关。

显然，保留和激励关键人才是企业保持竞争优势的重要方面，管理者对此责无旁贷，但如何有效激励员工一直困扰着管理者。有些管理者认为，激励的方式无外乎升职、加薪，即使升职也是为了加薪，但是加薪可能受制于企业成本，而升职也可能没那么多职位可以提供，如果更高级别的主管不同意，管理者也只能“巧妇难为无米之炊”。

案　例

完不成任务就离职的“激将法”

小王是一家医药公司的医药代表，作为上级主管的李经理历来十分关注下属的表现，因为所在区域的表现与其绩效奖金密切相关。由于小王2019年第一季度的客户拜访量迟迟未达到设定的目标，李经理十分着急，亲自给小王打了电话。电话中，李经理称：“下一周你的客户拜访量要达到100个，不然就离职。”小王二话不说，满口答应。次日，李经理在微信工作群里称：“我给王××打过电话了，承诺一周内客户拜访量达到100个，不到100个他离职。”李经理本想着通过这招能够激励小王，不想一周过去小王仍未达标，于是李经理通过微信向小王发送了离职交接表、离职申请单，试图让小王主动辞职。而小王则一直未予回复，之后电话不接、短信不回。三个月后，公司以多日旷工为由解雇了小王。小王则申请仲裁，要求公司支付违法解除赔偿金。

案件审理过程中，小王主张其没有在电话中答应李经理一周内客户拜访量不满100个就离职，相反李经理通过微信要求其办理离职手续是公司辞退自己的充分证据。公司则主张李经理发的微信是希望小王兑现承诺主动办理辞职手续，双方对此各执一词。本案最终以调解结案。

解　析

案例中的李经理本试图通过向员工施压来驱动目标的达成，但其并未与员工深入讨论达成目标的路径和方法，虽然小王彼时满口答应，但对小王并无任何激励效果可言，从最终的结果也能显示这一点。如果员工的工作动力主要来源于恐惧感，即上级主管的强势操控，员工并非真心努力想达成某项工作目标，实际上只是想躲避丢掉工作的下场而已，那么这样的工作环境只会导致员工对上级主管的憎恶。特别是案例中李经理还将谈话内容放在微信群里，更破坏了双方之间的信任关系。之后李经理要求小王兑现辞职承诺也未奏效，最终演变成一起劳动争议。

显然，员工激励的范畴颇为广泛，除升职加薪外，完善的绩效评估体系、培训机制及增加弹性福利（如允许一段时间在家办公）、进行团建活动、开设师徒带教项目、创造良好的团队氛围、及时给予员工正面评价、给予员工挑战性的工作机会、发挥员工特长等都属于激励方式范畴。员工激励，不能作狭义理解。

对于管理者而言，究竟该采取哪些举措则需要换位思考，理解员工的需求和期望，即全面了解对员工而言的最关键影响因素有哪些。对此，全球知名咨询机构盖洛普公司的 Q12 问卷值得广大管理者借鉴和思考，该问卷提炼了用于测评员工工作场所优势的 12 个维度，与员工激励密切相关，其中包括 12 个问题：

1. 我知道对我的工作要求吗？
2. 我有做好我的工作所需要的材料和设备吗？
3. 在工作中，我每天都有机会做我最擅长做的事吗？
4. 在过去的七天里，我因工作出色而受到表扬了吗？
5. 我觉得我的主管或同事关心我的个人情况吗？
6. 工作单位有人鼓励我的发展吗？
7. 在工作中，我觉得我的意见受到重视了吗？
8. 公司的使命目标使我觉得我的工作重要吗？
9. 我的同事们致力于高质量的工作吗？
10. 我在工作单位有一个最要好的朋友吗？
11. 在过去的六个月内，工作单位有人和我谈及我的进步吗？

12. 过去一年里，我在工作中有机会学习和成长吗？

显然，让员工在工作中发挥长处和优势、拥有卓越的绩效表现仍然是员工激励的重要组成部分，靠滞后的物质奖励和临时性的人文关怀刺激起来的“积极性”随着时间推移很快就会消失殆尽。管理者可以从履行自身工作职责的角度去理解和实践上述问卷中的问题。

1. 我知道公司对我的工作要求

要求是我们衡量自身进步的里程碑，知道公司对自己的工作要求如同知道通往成功的路径。

管理者需要及时与员工沟通工作的职责和范围，为其设置有意义的工作目标，澄清工作任务与公司绩效的关系。只有能够及时了解上级对他的期望，员工才能够获悉努力的具体方向。

2. 我有做好我的工作所需要的材料和设备

向员工提供做好工作所需的资源和条件是支持员工工作的重要组成部分，同时也是最大限度发挥员工潜力的前提和基础。

管理者在布置工作时需要充分与员工分享信息，让员工充分了解企业和部门的实际运作情况，给予员工所匹配的资源和条件，为员工完成工作排除后顾之忧。

3. 在工作中，我每天都有机会做我最擅长做的事

员工只有在工作中用其所长时，才能充分实现其潜力。当一个员工的天生优势与其所任工作相吻合时，他就可能出类拔萃。

管理者在布置工作时宜安排易于员工发挥长处的角色，而不是紧盯员工的弱点。

4. 在过去的七天里，我因工作出色受到表扬

基于传统文化影响，人们似乎认为自身一旦成年了就不需要积极的反馈。实际上，表扬、赞赏、感激应成为管理者与员工有效的沟通方式。只有不断给予正面反馈，员工才会更多地吸纳管理者发出的讯息，更好地改变自我，具有更优异的表现。

管理者需要及时发现员工的亮点，给予正面的反馈，也可以让员工定期报告其工作中的成就，然后进行及时的鼓励、肯定。通常，真正取得成绩的员工往往乐于向上级汇报自己的工作业绩。

5. 我觉得我的主管或同事关心我的个人情况

当管理者对员工付出关怀时，同时也会创造出一种促使员工关心经理、关心他人的氛围。这会激发员工追求卓越表现的动力。

对于员工的个人家庭情况，管理者应当适当地关心。对于员工个人的困难，管理者可以给予力所能及的帮助，如有下属患有重症，管理者组织其他下属捐款也是一种常见的做法。

6. 工作单位有人鼓励我的发展

我们的工作使我们有机会每天接触新情况和发现新方法来迎接挑战。研究发现，在今天的工作场所，终身受雇于一家公司的情形已越来越少。新的重点是终身就业机会。

优秀的管理者会挖掘员工的自身优势、才干并鼓励他们在适合自己的方向上发展。

7. 在工作中，我觉得我的意见受到重视

所有员工都希望自己的意见受到公司的重视，而是否会使员工有此感觉又取决于公司如何倾听和对待他们的意见。这个问题可测量员工对工作和公司所产生的价值感，并能影响员工对公司的信心。

管理者在布置工作、给予反馈、制定政策等过程中要积极采集员工的意见，学会倾听，不轻易下结论。通常，当员工能对他们的工作提出更多的想法时，管理者自身的想法才更有可能被员工所接受。

8. 公司的使命 / 目标使我觉得我的工作很重要

员工如果能将公司的价值、目标和使命与自身的价值相联系，就会有很强的归属感和目标感。如果员工认为他的工作对公司的整个目标很重要，这将加大他的成就感。

宣导公司的价值观、使命和目标，建构员工更宏观的视野也是管理者的重要工作之一。

9. 我的同事们致力于高质量的工作

员工对工作质量的精益求精也是影响团队业绩的关键因素。员工高质量的工作能增强团队精神，继而在整体上提高效率和改进质量。

管理者在工作中应当适时宣传成功的案例和做法，并且鼓励分享，如安排优秀员工分享自己的经验和心得，相互促进提高。

10. 我在工作单位有一个最要好的朋友

高质量的人际关系组成一个良好的工作场所，良好的工作场所会帮助员工建立对公司的忠诚度。公司往往关注员工对公司的忠诚度，然而，最优秀的管理者会认识到，忠诚度同样存在于员工之间。员工之间关系的深度对员工的去留会产生决定性的影响。

有些管理者在一些团建活动上给予下属较大的自主权，发挥员工之间的相互参与，鼓励下属间建立亲密的合作关系，而不是事必躬亲。管理者需要平衡与部分下属建立过于亲密的关系而对其他组织成员产生的负面影响。

11. 在过去的六个月内，工作单位有人和我谈及我的进步

员工往往并不了解他们的才干在具体行为中会如何表现，他们需要从管理者那里获得反馈。

优秀的管理者常常会不断地与员工进行工作交流，并会谈及员工的进步，帮助员工认识和理解他具有的才干以及如何在每天的工作中发挥出来。

12. 过去一年里，我在工作中有机会学习和成长

学习和成长是人类的天然需要。学习和成长的一个重要途径就是寻找更有效的工作方法。对员工来说，有机会学习才能更好地、更有效地工作，获得快速成长。

管理者也可以为下属设置一些学习成长类指标（如要求下属撰写和发布一些与工作有关的文章），虽不进行考核，但可以给予适时的跟踪和反馈，从中也可观察员工自我提升的需求和积极性。

第 3 章 试用管理

试用期约定的三大雷区

众所周知，员工入职后通常会与用人单位签署劳动合同，不同的劳动合同类型对应长短不同的试用期。试用期也是劳动法给予劳动关系双方的一段时间的磨合期和观察期，如果员工无法适应企业文化和管理方式，员工可以辞职；如果管理者认为员工的表现不能达到预期，也可以在证据充分的情况下单方解除劳动合同。

案 例

Probation Period 是观察期还是试用期?

2017 年 8 月，李某入职某置业公司担任市场总监职务，双方签订了两年期限劳动合同，每月工资 90000 元，合同约定李某入职后有六个月的 Probation Period，在此期间员工和公司均有机会评估员工工作的适合性，如满足条件可以晋升至更高职位。2018 年 1 月 31 日，李某的上级张某向李某发出通知，告知 Probation Period 从 2018 年 2 月 7 日延长至 2018 年 5 月 6 日。2018 年 5 月 4 日，张某又向李某发出邮件通知，告知 Probation Period 延长至 2018 年 8 月 6 日。

2018 年 5 月，李某提出辞职，后申请仲裁要求置业公司支付违法约定试用期的赔偿金 100 万元。庭审中，公司主张 Probation Period 并非法定的试用期，只是一个评估期的概念，并且李某入职后工资并未打折，其岗位和工资待遇无任何影响，故其权益未受到损害。李某则主张，按照法律规定用人单位违法约定试用期的，应当按照试用期满后的工资标准支付赔偿金。

解 析

按照法律规定，两年的劳动合同最长可约定两个月试用期。本案中，双方的争议焦点在于劳动合同附件提及的“Probation Period”能否视为双方约定了试用期？上级主管张某多次通知员工延长“Probation Period”是否属于不断违法约定试用期的情形？

应当指出，试用期是指用人单位针对劳动者设置的用于判断其是否符合录用条件的期限，如该期限内发现劳动者不符合要求，则用人单位可行使解雇权，并且试用期的工资标准通常低于转正以后的工资标准。本案中的“Probation Period”按英文直译应为“试用期”的表述，但该期限设置的目的在于确定能否晋升到更高职位，而非用于解除劳动合同，与用于解雇的试用期有所差异，且客观上李某从入职就获取了该岗位 100% 的工资，其岗位和薪资待遇的相关利益未受影响。最终经一审、二审，法院驳回了李某的诉请。

虽然本案以员工败诉而告终，但公司也为此付出了极大的诉讼成本，所有的管理者都应当认识到合法约定试用期的重要性，这是试用期管理的重要方面。

在企业用工实践中，违法约定试用期主要包括以下几种情形。

一、单独签订试用期合同或者约定超出法定标准的试用期

有些管理者提出，是否可以先签订一份试用期合同，之后再考虑与员工签订正式的书面劳动合同。对此，相关法律明确规定，如果单独签订试用期合同，则试用期不成立，该合同将被认定为一份固定期限劳动合同，用人单位将失去通过试用期考察员工的权利。

另外，试用期的期限限制系法律的强制性规定，超出法定的试用期限，即使员工同意仍构成违法行为，用人单位将面临相应的违法成本，包括向劳动者支付违法约定试用期的赔偿金，以及用人单位以试用期内不符合录用条件解除会被认定为违法解除，从而带来支付违法解除赔偿金或被要求恢复劳动关系的风险。

表 3-1　不同合同类型对应的试用期限

合同类型		试用期限
以完成一定任务为期限的劳动合同		不得约定试用期
固定期限劳动合同	不满 3 个月	不得约定试用期
	满 3 个月不满 1 年	≤ 1 个月
	满 1 年不满 3 年	≤ 2 个月
	满 3 年	≤ 6 个月
无固定期限劳动合同		≤ 6 个月

二、试用期届满后继续延长试用期

试用期限将届满时，管理者通常会提前对员工在试用期内的表现进行考核，以确定是转正还是辞退。但也存在管理者对员工试用期的表现无法拿捏的情况，如管理者对下属员工的表现不是特别满意，不愿意为其办理转正，但同时希望给予员工一段新的考核机会，故而在征得员工本人同意的情况下延长试用期限。

该种做法即使获得劳动者的同意，仍然属于违反法律强制性规定的情形。《劳动合同法》明确规定，试用期只能约定一次并且不能超过法定上限。延长试用期的做法虽然在某种程度上对劳动者有利，但极大地增加了企业的风险，不建议管理者贸然采取该种做法。

三、员工离职后重新入职再行约定试用期

管理者认为，员工离职后重新入职的，应当允许用人单位重新约定试用期，特别是员工的工作岗位发生变更的情形。对此，在 2008 年《劳动合同法》实施之前，相关部门规章规定变更岗位重新入职的，应当允许用人单位重设试用期。但是《劳动合同法》规定，同一用人单位与同一劳动者只能约定一次试用期。该条款并未区分劳动者是否为重新入职的情形，不宜作扩张解释。

虽然根据全国的判例显示，对于离职时间较为久远、岗位差异较大的员工，用人单位重设试用期的情形未被部分地区法院认定为违法，但从控制风险的角度出发，用人单位仍不宜与劳动者重设试用期。

设定录用条件的常见错误

管理者往往认为要让试用期内的员工走人，应该难度很小。这其实是一种误解。因为劳动法律在员工解雇问题上执行“解雇条件法定原则”，即只有出现法律明确规定的情形，用人单位方可解除劳动合同。

在试用期内，用人单位可以行使解除权的条件之一为“员工被证明不符合录用条件”。有人可能会问何为录用条件，员工不是已经正式入职了吗？此处的“录用条件”是法律术语，其本义应指通俗意义上的“转正条件”。那么，录用条件究竟是由法律来规定，还是由用人单位来自主设定呢？显而易见，对劳动者如何提要求属于用人单位管理自主权的范畴，但是如果用人单位放弃录用条件的设定权，则极易引发争议。

案　例

对试用期录用条件的追问

2017年11月20日，陈某入职北京某公司担任产品副总裁（VP）职务，双方签订了《劳动合同书》，合同期限至2020年12月19日，合同约定陈某试用期6个月，试用期月工资标准为15万元。2017年11月29日上午9时50分，公司工作人员向陈某私人邮箱发送电子邮件，载明“《终止试用期通知书》……根据您入职后的工作表现，公司认为您不符合该职位的录用条件。现特通知您终止试用期，双方劳动关系同时终止”。

陈某在离职前与公司HR进行了如下对话：

HR：今天发的那个通知，请12时之前把相关手续处理了。

陈某：今天，是吧……

陈某：公司认为我不符合该职位的录用条件，那么能不能告诉我，录用条件是什么？

HR：您从11月20日加入本公司以后，公司给您安排了为期一周的交流，其间，通过管理层与您的沟通和交流，反馈说在沟通上觉得不顺畅，从很大程度上来说，对于您未来承担产品VP这个角色，大家一致认为存在一些问题。

陈某：那就是说没有不符合录用条件这个情况，只能说有人认为是这样，对吧？就是不存在不符合该职位录用条件的情形，只是说有人提出未来有相处不好的风险。

HR：在公司里，产品VP的沟通协调、同管理层的配合、和员工的交流这种能力，是非常重要的关键点和任职资格。所以，如果在这个层面上您空降到公司之后遇到了这类问题，管理层是有权对您是否符合录用条件产生怀疑的。

陈某：您说的管理层是指哪几位？

HR：我不方便点名，但确实是在管理层讨论的。

陈某：我算不算管理层？

HR：您算。

陈某：我是管理层。既然管理层认为有问题，那为什么我不知道？有没有跟我讨论过？既然是管理层认为，那我也是管理层的重要成员，为什么我不知道，也没有参与讨论？

HR：因为您是被评估对象。

陈某：您说我不符合录用条件，那您申明一下录用条件是什么。

解　析

由上述对话可见，陈某主要是质疑公司并未与其设定录用条件，而HR也承认陈某的上级未与其约定录用条件。后陈某申请仲裁要求恢复劳动关系，法院认为由于公司未能举证双方对录用条件有约定，且陈某实际工作仅九天，难以证明其不符合录用条件，故判决公司违法解除，但鉴于公司已另行招聘案外人顶替陈某职位，且陈某系高级管理人员，强制恢复劳动关系不利于劳动关系的和谐稳定，故驳回了陈某要求恢复劳动关系的诉请。

由上述案例可见，试用期管理的第一关，是和员工约定明确的录用条件，这既是法律要求，也是管理要求。很多管理者认为，设定录用条件是HR的工作，殊不知对员工正面提出要求仍然是管理者应尽的职责。有关录用条件的设置，管理者应极力避免以下误区。

一、将招聘条件等同于录用条件

企业在招聘之初可能会对具体岗位设置具体要求，并通过招聘网站予以公示，但招聘广告上的招录要求主要是针对劳动者是否能够应聘入职而言的，如果候选人已经通过面试并办理了入职手续，可以认为其已经具备了公司明示的招聘条件。

因此，招聘条件与录用条件虽有所牵连，设置的相关内容也可能存在部分重合，但两者并不能完全等同，管理者不宜认为只要曾明示招聘条件，则试用期录用条件设置问题就迎刃而解了。

二、将岗位职责等同于录用条件

如前文所述，岗位职责确实有助于对员工进行绩效评价，但目前的普遍现状为，管理者对岗位职责的描述较为简单，多呈现为员工的工作模块和核心工作内容，但并无具体的工作要求，如将销售助理的一项岗位职责描述为协助处理销售订单，但协助处理销售订单应达到何种程度，往往在岗位说明中未有详细记载。

作为录用条件，不仅应当明示工作职责，而且应当呈现具体的要求。这种要求可以是在入职之初明确，如“协助处理订单，确保无差错”，也可以在劳动合同履行期间提出。对于多数职能部门的岗位而言，设置事先量化的工作要求较难实现，管理者可以通过“工作职责”和“目标设定/工作任务布置”相结合的方式推进试用期的管理，以此作为录用条件的来源。

管理者也可以在员工入职面谈时，告知员工录用条件的来源，如试用期内公司将在哪些方面对你进行考核，具体的要求将通过事后的邮件沟通等加以明示。

三、将录用条件局限于绩效管理范畴

有些管理者可能认为只有当员工试用期的工作能力不能达到公司要求时，用人单位方可按照不符合录用条件予以解雇。殊不知录用条件的范围是极为宽泛的，除包括对员工绩效的要求外，还可以在以下方面设定具体的录用条件：

1. 试用期内是否存在违纪或失职行为；

2. 试用期内是否存在提供虚假个人信息等不诚信行为；

3. 试用期内是否配合公司完备相应的入职手续；

4. 试用期内的出勤率要求；

5. 试用期内的学习能力、沟通能力、团队合作能力等；

6. 试用期内是否完成相应的培训任务；

7. 试用期内的身体条件（如是否患有精神病）。

上述方面的具体要求宜转化为一份正式的《试用期录用条件确认书》，作为试用期评估的重要依据之一。以下为一份《试用期录用条件确认书》，可供管理者参考。

附：《试用期录用条件确认书》（示例）

凡 **×××公司**试用期员工，若有下列情况之一的，视为不符合录用条件，公司可以解除劳动合同且无须支付补偿金：

1. 向公司提供的材料和信息内容有虚假或有隐瞒的，包括但不限于信息登记表、身份证明、离职证明、学历证明、体检证明、工作经历与年限、身体健康情况、婚姻及生育情况等；

2. 与原用人单位未依法解除、终止劳动合同或劳动关系的；

3. 与原用人单位存在竞业限制约定且在限制范围之内的；

4. 亏空、拖欠原单位公款尚未清偿的；

5. 同时与其他用人单位建立劳动关系或劳务关系，对完成本职工作造成严重影响或经提出拒不改正的；

6. 曾收到其他单位记过、开除、除名或未经批准擅自离职而在应聘时未声明的；

7. 曾被劳动教养、拘役或者依法追究刑事责任而在应聘时未声明的；

8. 患有精神病（如精神分裂症、偏执性精神病、重度躁狂症和抑郁症）、传染性疾病及其他严重影响工作的疾病而在应聘时未声明的；

9. 入职1个自然月内，未按照公司规定办理入职手续或未完整提供相关入职资料的；

10. 工作能力、工作技能、工作态度及相关资质不符合岗位要求，或者不能完成或不能及时完成上级安排的工作任务的；

11. 身体素质达不到正常工作需要，出勤率低于90%的；

12. 试用期内累计迟到/早退达3次及以上，或者有任何其他违纪或失职行为的；

13. 被客户或同事投诉的；

14. 未能完成试用期工作任务或目标的（若协商调整的，以最新签订的目标为准），包括以下目标：

考核项目	指标说明 / 定义 / 计算公式	目标值

15. 存在《员工手册》第×条“奖惩制度”符合严重书面警告及以上处罚之情形的；
16. 不符合公司企业文化和共同价值观的；
17. 存在其他违反法律法规或公司规章制度规定情形的。

本人已详细阅读并完全知悉和理解上述试用期录用条件的内容及其法律含义。本人承诺：自入职之日起将严格履行工作职责，本人如在试用期间存在以上不符合录用条件情形之一的，自愿接受公司解除劳动合同且无须支付补偿金的处理。

特此确认！

确认人：

日期：　年　月　日

对员工不符合录用条件的举证

对试用期员工的管理，设定合适的录用条件只是管理者工作的起点。员工是否符合录用条件，并非有管理者的事后主观评价即可。一旦发生员工拒不认可试用期评价结果的情况，管理者仍需提供证据加以说服和证明。那么，什么样的证据不容易引发争议？在实际管理过程中，管理者又该注意哪些事项呢？

案 例

员工拒签试用期评估表怎么办？

2018 年 11 月，李某进入某科技公司工作，双方签订了 3 年期劳动合同，其中试用期为 2018 年 11 月 28 日至 2019 年 3 月 27 日，合同约定李某从事营销经理工作，月薪 23000 元。2018 年 12 月 21 日，科技公司以李某试用期间的实际表现不符合录用条件为由向李某出具《试用期解除劳动关系通知书》。李某不服解雇决定，申请劳动仲裁，要求科技公司支付违法解除赔偿金。

庭审中，某科技公司举证了一份由上级主管吴某签名的《试用期评估表》。评估表显示，李某在工作内容、工作品质、工作态度、出勤纪律、团队协作等方面的评估总分为 34 分，属于“较差：49 分以下”级别，其中出勤纪律一项显示李某为“B. 出勤记录较好，坚守工作岗位”级别，得分为 6 分。另外，部门经理评价处的内容为：“员工能力与岗位不匹配，不予转正，试用期不符合！”该评估表无李某本人的签名。李某据此否认该评估表的真实性、合法性和关联性，且主张评价结论过于主观，无法证明其不符合录用条件。

解 析

本案中，某科技公司就李某不符合录用条件举证了一份《试用期评估表》，但该评估表并无员工本人确认，其需要进一步提供证据证明公司对李某的试用期评价存在客观的事实依据，然而科技公司对此并无新的证据，难以证明李某不符合录用条件，最终法院判决科技公司败诉。二审法院在判决书主文中明示："关于录用条件，用人单位一般应在劳动者入职时就为劳动者设定客观、具体的条件作为考核标准，而非采用主观、抽象的条件作为标准，且该考核标准应由劳动者确认。只有这样，才能在双方发生争议时，由仲裁机构和法院来评判劳动者是否符合用人单位的录用条件。本案中，科技公司并未在李某入职时让李某确认有关录用条件的考核标准，提供的评估表上的评估内容较为抽象，在双方对此发生争议时，法院无法根据李某未签字确认的评估表来判断李某是否不符合录用条件。"

从上述案例可见，管理者如果认为员工不符合录用条件，则需要承担相应的举证责任。承担举证责任不是指"能够提供证据材料"，而是指所提供的证据材料能够达到法院认可的证明标准。在发生争议时，员工往往不认可上级主管的试用期评价意见，多主张管理者只是"主观评价"，并无"客观证据"加以佐证。故从充分举证的角度来说，管理者应当预见最终的评估意见无法被劳动者确认，需要提供其他证据加以印证。

那么，如何提供其他证据呢？结合企业管理实践，管理者需要做好以下工作。

一、在设定录用条件的基础上跟进具体要求

如前文所述，管理者需要在员工入职时与其约定录用条件，对于一些执行业绩管理的岗位，可事先明确考核标准，如试用期间销售业绩低于 50 万元的，视为不符合录用条件。这些清晰量化的标准有利于减少争议，员工在未能满足具体要求的情况下一般也接受公司的处理，而非选择申请劳动仲裁与公司发生争议。

但是对于一些职能部门岗位或者高层管理者，设定清晰量化的考核标准通常难度较高。管理者作为直属上级则应当通过动态的目标设定和工作任务对员工提出要求，相关的目标或工作布置宜明确完成的时限、衡量标准等以便事后评估，如对人事经理和招聘主管发送邮件告知："根据近期的招聘计划，请您在本月内组织完成十场校园招聘会并根据简历投递情况在下月内完成面试安排。""请最迟于本周五下午 5 点前提交下个月的工作计划。""按照集团下达的访谈指标，请每周完成 200 个访问量，月底前进行统计确认，有困难可及时提出。"

管理者在设定目标、布置工作时如果能高度关注数量、质量、时限、差错率等因素，则未来执行试用期评估考核的依据会较为具体，容易与员工进行有效沟通。当然，为避

免争议，重要的工作布置、目标设定应当通过邮件、书面等方式进行，避免仅采用口头、电话等形式。

二、对员工的工作表现进行及时反馈

管理者应当关注员工试用期内的表现，对于布置的工作、设定的目标，如果员工未能及时完成、工作存在差错或者与目标相去甚远，管理者宜在合理时间内做出及时反馈，如员工的工作报告存在大量错别字，管理者可以邮件回复“发现您的工作报告有多处错别字，希望能予以纠正”，这样的反馈在未来即可作为评估员工工作表现的佐证。对于一些软性的表现如员工沟通能力不足，管理者也宜通过面谈指导记录、邮件告知、试用期改进建议等方式予以反馈，如邮件告知员工“根据前两个星期的观察，您在遵守劳动纪律方面做得不错，但在团队融入和人际沟通方面希望您能进一步提高，部门经理和我反馈，上周五您因为不熟悉产品情况被客户投诉了，后来也没和我主动汇报……”

应当注意的是，管理者给予员工的反馈应当“对事不对人”，在给出评价性意见的同时最好有相应的事例予以说明，相关事例应明确描述发生的时间、地点、经过、对组织造成的影响、获取信息的来源等。考虑到并非每件事情都有直接证据加以证明，管理者及时与员工进行沟通、获取员工的反应至关重要，如果确实发生了该起事件，而员工没有就事件本身提出异议可视为管理者并非“捏造事实对员工进行评价”。

目前，在对员工表现进行阶段性反馈上，管理者往往存在如下问题：

1. 反馈不及时，待试用期结束时集中反馈；

2. 反馈无痕迹，多以口头教育为主，事后无法举证；

3. 反馈多以主观评价为主，无具体事例描述支撑。

有些管理者通过缩短试用期评估周期来实现阶段性反馈，如三个月试用期内，每个月结束即组织面谈和试用期月度考评，该种方式也具有一定的可操作性，但管理者仍应注意评估表记载内容的客观性，并且及时告知员工。

三、遵循合理的评估周期完成评估程序

在管理者做好录用条件设定、工作目标设定和及时的工作反馈的基础上，还需兼顾试用期评估的程序问题，并就有关程序执行问题留存证据。管理者违反既定程序导致公司败诉的情况十分常见，常见的例子有如下几种。

1. 违反公司既定的评估程序

如某公司《员工手册》规定，管理者在员工试用期满前提前七天进行试用期评估。某员工试用期为六个月，在试用三个月时直属上级就对该员工进行了评估，认定该员工不符合录用条件。该员工申请仲裁并举证了公司《员工手册》的规定，主张公司明确规定试用期满前提前七天评估，而上级提前三个月进行评估违反了规定。

由于公司规章制度界定了公司和员工的权利和义务，公司和员工都应当遵循。公司违背既定的考核周期、考核时间点做出评估，剥夺了劳动者的程序性权利，法院认定公司属于违法解除。故而管理者应当充分掌握公司涉及试用期管理的相关政策，包括何时评估、审批程序、是否应签署评估等，在知悉具体规定的基础上严格执行。

当然，公司在制定制度时也应考虑操作弹性，如规定试用期内管理者可以随时评估，而非必须等到试用期届满时方可进行判断。同时，有关评估周期的设置也建议考虑各种特殊情形，如考核周期是否应剔除培训时间、病假缺勤时间等，这些特殊情形往往在具体个案中存在理解分歧，需要公司提前予以明示。

2. 过早进行试用期评估

即使公司制度有关于试用期可以随时评估的规定，但任何权利不得滥用，在劳动者无任何违纪、失职和违法行为的前提下，其绩效产出确实需要一定的时间，对于一些管理人员更是如此。在前文北京某公司与陈某劳动争议一案中，管理者在陈某入职九天后即做出了解雇决定，显然违反了公平合理原则，最终也被法院做出否定性评价。

应当注意的是，如果员工出现违纪、失职或者不诚信行为，在事先有约定的情况下，用人单位提前做出不符合录用条件的判断应属合理。

3. 过晚进行试用期评估

与过早评估相比，过晚的试用期评估则更为“致命”。根据劳动法的规定，对试用期内不符合录用条件的劳动者，用人单位可以解除劳动合同；若试用期已过，则用人单位不能以试用期内不符合录用条件为由解除劳动合同。这意味着，管理者如果认为试用期员工不符合录用条件并希望做出解雇处理，则务必在员工试用期届满前完成所有的程序，包括评估、离职手续的办理等。

笔者曾办理过一起案件，员工试用期于 8 月 31 日届满，8 月 30 日上级主管与员工进行面谈，告知其销售业绩未达标，未能达到转正要求，而员工则拒签评估表。当日，上级主管向员工交付《解除劳动合同通知书》，亦遭到员工拒签，故而 HR 部门协助将

《解除劳动合同通知书》通过 EMS 快递送达，投递到劳动合同上登记的员工的家庭住址。后查实，员工于 9 月 1 日下午方签收了《解除劳动合同通知书》。此后员工申请仲裁，要求恢复劳动关系。

庭审中，员工对 8 月 30 日的面谈矢口否认，并主张公司未进行试用期评估，也不知晓评估结果。由于公司未能举证 8 月 30 日的沟通过程，且解除日期应以员工收到《解除劳动合同通知书》之日为准，最终仲裁委裁定公司败诉。

这一案例足以反映，管理者对员工进行试用期评估应当具有一定的“时间提前量”，而不是安排在试用期满前一两天，毕竟劳动合同的解除涉及试用期评估结果的送达（特别是在员工拒签的情况下）、通知工会、《解除劳动合同通知书》的送达等，任何一个环节的延误都可能导致公司吃“哑巴亏”，如案例中公司完全可以在 8 月 30 日通过邮件、短信等方式告知该员工评估结果，并送达《解除劳动合同通知书》。

因此，管理者安排过晚的试用期评估，甚至在员工试用期满后再进行评估，无疑会导致员工在法律上已实际“成功转正”，用人单位完全失去试用期内以不符合录用条件解雇的权利，得不偿失。

试用期解雇与劝退

通常，在试用期内，员工与管理者的信任关系尚未完全建立，员工对于试用期内被解除劳动合同存在一定的风险预期，而且员工的工作年限较短，其潜在的经济补偿金额较少，如果公司沟通到位，员工有很大可能会接受公司的辞退处理。

对于试用期解除，管理者需要明晰以下几点。

一、对特殊员工（怀孕、休病假等）并非不能提前解除

实际上，对于试用期内用人单位以不符合录用条件为由解除劳动合同，法律没有规定解雇保护。所谓解雇保护，是指针对特殊群体（“三期”员工及工伤、休病假、在本单位工作满 15 年且距离退休不满 5 年、职业危害岗位未进行离职健康检查的员工等），用人单位特定的单方解除权利被禁止。比如，用人单位不得以经济性裁员为由解除处于“三期”（孕期、产期、哺乳期）的女工。

二、不是公司给钱，员工就必须离开

很多管理者认为，虽然证据不足，但是只要公司给付一定数额的补偿金，员工就应当无条件离开，试用期员工更应如此。显然，这是管理者缺乏法律常识的体现。

在中国的劳动法体系中，让员工离开公司不是一件容易的事。只有在满足法律规定的解雇条件的前提下，用人单位方可解除劳动合同。如果事后被证明公司解除违法，则员工仍然可向公司主张恢复劳动关系而非“领钱走人”，并且由于试用期员工的工龄较短，违法解除赔偿金十分有限，许多员工选择要求公司继续履行合同以获得更高的利益。

因此，管理者应当修正“给钱走人”的思维定式，认真做好管理和沟通工作。

如果一名试用期员工确实不符合管理者的预期和要求，管理者宜提前做好相应的准备，首先尝试让员工辞职离开而不是给员工一纸解雇通知“扫地出门”。

三、提前准备好相应的证据

“口说无凭”越来越成为大家的共识，管理者要让员工离开公司，需要提前准备相关证据，具体包括：

1. 试用期约定录用条件的证据；

2. 试用期设定业绩目标、部署工作的证据；

3. 对员工试用期表现进行阶段性反馈、评估的证据；

4. 员工存在工作差错和问题的证据；

5. 第三方对员工的消极评价和反馈（如客户投诉等）。

准备好相应的证据，一是方便管理者清晰地厘清时间脉络和不同事件发生的时间、地点、起因、经过、结果，与员工沟通时容易做到“以事实为依据”，二是在沟通时如果发生争议，管理者就可以出示相关的证据以“定分止争”，如果管理者“两手空空”，指望通过人格魅力来说服员工难度很大。

四、管理者宜开展“双向沟通”

管理者在与员工沟通时，可以主动询问一些具体问题，了解员工的情绪感受，比如：

· 你入职后对公司的总体感受如何？与入职前有反差吗？

· 你认为公司整体的氛围如何？你认为自己已经融入公司了吗？有什么障碍吗？

· 对于我的管理方式、公司的企业文化，你是否完全适应？是否能满足你的期望？

· 对于日常的一些工作要求和完成情况，你自我感觉如何，是完全可以驾驭、勉强通过努力完成还是仍然存在一些差距，需要更多的提醒和指导吗？

管理者应当知晓，试用期是给予双方一个相互了解、相互考察的期限，不仅管理者在对员工进行评价，实际上员工也在对企业和管理者进行评价，如果员工对组织的期望并不能实现，而组织也不认为员工能够满足组织的期望，则双方就提前离职更容易达成一致。

五、离职方案的确定需要明确具体但又不失弹性

管理者应当明确传递公司的最终决定（如不能转正并确定最后的工作日），以免被员工解读为公司仍在考虑中。但在离职方案的选择上，管理者可以告知员工，既可以选

择自行辞职，也可以选择接受公司的解除决定，如果员工辞职，管理者可以向 HR 部门申请将工资发放至月底，或者给予不超过一个月的求职时间（公司正常支付工资，但需要提前办理离职手续）等。对于员工提出的不合理诉请，管理者宜明确予以拒绝。

通常，在用人单位单方解除存在一定风险的前提下，适度的妥协和让步更容易照顾员工的感受，也能将企业的风险降至最低。当然，管理者需要平衡内部公平性，避免对其他类似案例产生负面影响。

第4章 绩效管理

业绩目标设定五要素

企业经营通常存在多层次的目标分解，公司股东或董事会将经营目标传达给管理层，管理层则分解到各部门，各部门不同层级的管理者为下属制定业绩目标，最终达成组织目标。

通常，管理者对下属设定业绩目标以及被更高级别的管理者设定业绩目标十分常见，但实际上围绕业绩目标设定本身的争议不断，有些导致执行力不足，有些甚至引发纠纷。

案 例

业绩目标是个人指标还是团队目标?

阮某于2012年12月17日进入某电信公司工作，双方签订了3年期劳动合同，合同约定阮某的职位为高级区域销售经理，基本工资为税前42000元/月，另有销售奖金计划等，试用期为6个月。

2013年7月，上级主管安排并与阮某签署了公司产品2013年第一季度和第二季度的销售业绩目标，如下图。

收件人：阮 ××

发件人：中国业务副总裁

日期：2013年7月5日

私人和保密

2013年第一季度和第二季度销售业绩目标

此函为你2013年1月至6月的销售业绩目标。你的销售业绩目标是按照整体年度经营计划目标设定和分配的。个人业绩目标在必要时可能会有修改并按季度设定和宣布。

你第一季度、第二季度的销售业绩目标汇总如下：

	销售业绩目标（单位：百万元）			
	2013 年第一季度		2013 年第二季度	
	A 产品	B 产品	A 产品	B 产品
新销售	17	10	17	10

将来若遇到困难，管理层将不时监控和审核整体 BU 业绩，并且提供各种必要支持以达到业绩目标。

请在 2013 年 7 月 8 日之前将此函签署并发还我，以示你同意和接受此函中所包含的内容。

我们期待你今年的不断贡献和成功。

兹同意和接受：

2013 年 8 月、11 月，上级主管又为阮某制定了第三季度、第四季度的销售目标（格式与上图基本相同）。2013 年，阮某没有任何一个季度达到销售目标。2014 年年初，上级主管通过邮件方式为阮某制定销售改进计划。然而 2014 年各季度阮某仍未达标，2015 年阮某因不胜任工作经过培训仍不胜任工作被解除劳动合同。此后阮某申请仲裁。

庭审中，阮某就销售业绩目标提出了如下意见：

1. 该业绩目标是团队目标并非针对个人的目标；

2. 2013 年第一季度目标直到 2013 年 7—8 月才签署，过于滞后；

3. 该业绩目标是用于激励员工和结算奖金的目的，从未约定与不胜任认定挂钩；

4. 该目标过高，全行业无人能及。

解　析

就本案而言，直属上级确实通过书面形式为阮某制定了业绩目标，并安排阮某签名确认。然而结合阮某在诉讼中提出的异议，直属上级的目标设定仍然存在问题。首先，目标设定应在目标执行开始之前，直属上级于 7 月至 8 月才设定第一季度目标，此时 2013 年第一季度已经结束，显然再行设定目标违背事物发展之自然顺序，缺乏合理性。其次，该业绩目标确实未能反映目标设置的用途，即是否将用于员工的绩效评定，未明确用途将被员工解读为“只是用来发奖金的”。至于是个人目标还是团队目标，宜在目标确认书中予以说明。此案最终结果是公司未能举证直属上级对员工实施了针对性培训而败诉，但其中目标设定的问题仍值得管理者思考和借鉴。

从业绩设定目标角度，管理者宜关注如下要素。

一、并非所有工作都适宜设定目标

员工的工作通常可分为项目性工作（有明确的时间限制、追求结果，而且变动性较强）和日常程序性工作（通常按照工作流程进行，稳定性较强）。对于前者，如具体销售任务、研发任务、工程项目等，宜设定具体目标以便于管理。但对于后者，多属于重复性工作且系员工日常工作职责范畴，管理者可以确定工作标准和规范，要求员工具体执行即可。

二、目标设定宜遵循 SMART 原则

· S（Specific，具体的）

如“做好员工销售工作”不是一个具体的目标，“新增两个销售渠道，在一季度内完成 200 万元的新增销售额”是一个具体的目标。

具体的目标由指标和标准组成，如：

动词 + 任务 + 衡量标准 + 完成时间；

任务 +×× 率 + 衡量标准 + 完成时间。

· M（Measurable，可衡量的）

目标通常要可衡量，以便事后进行评价。对于一些实施业绩管理的岗位，通常容易设定相对量化的目标，如客户数量、销售额、利润、毛利、成本费用使用率等财务类指标。对于一些体验提升、营运效率提升等方面的目标设定，过于追求量化反而会失去目标设定的本意，极大地增加企业管理成本，管理者可通过一些定性和分层的描述来界定相应目标，而不宜过于追求量化。

以“团队与人员建设”为例，可以进行分层描述：

带领、促进或积极参与团队发展和关键员工留任，通过培训、分享、带教、主动发起讨论、职业发展计划等方式提升团队成员凝聚力和业绩表现——3 分；

配合参加团队建设相关会议、培训或活动——2 分；

对团队内的组织发展不关心、不积极，缺席相关的活动 / 会议——0 分。

· A（Attainable，可达成的）

有些管理者按照“求上则居中、求中则得下”的思路来设置目标，如给员工设定1000万元的销售目标，实际可能达到800万元，但如果设置800万元的销售目标，则实际可能只完成500万元，故认为目标设定越高越好。

这种目标设定方式固然有一定的“合理因素”，但其弊端也是极其明显的，脱离实际的过高的目标不但不会激发员工的热情，相反可能会给员工带来更多的挫败感，因为员工发现这是一个令其绝望的目标，员工的行为将是负面消极的。从合理性角度，管理者需要分析过往业绩达成情况、公司各类资源的投入和增减情况、市场发展趋势等，最后确定对于多数员工能够达成的目标。

实际上，如果所有员工都不能达标，推进绩效管理的难度将明显增加，因为管理者无法在多数员工都不能达标的情况下认定个别员工“不胜任”。

· R（Relevant，相关的）

员工的个人目标要与公司的目标和部门的目标相关，与岗位职责相关，管理者不宜设置与公司目标和岗位职责无关的目标，特别是要避免追求大而全的目标设定。

从合理性角度，管理者宜对员工设置3—5个核心目标，以利于员工聚焦自己的核心贡献。

· T（Time-bound，有时限的）

所有的目标都要加一个完成的时限，要求员工在明确的日期前或时限内完成目标。

三、逐层分解目标以避免简单“均分”

如某公司管理层要求某事业部2020年完成销售业绩1000万元。作为该事业部部门经理的张某有十名从事销售的下属。一种分解方案是简单地进行“均分”，即每名销售人员各承担100万元的销售业绩目标。另一种分解方案则是分析确定完成1000万元销售目标可能采取的有效对策和措施，再将这些对策和措施实施责任分解到相关员工，由此产生个人绩效目标。

显然第二种分解方案更考验管理者的管理技能，在任务更加复杂以及团队协作、跨部门合作要求更高时，第二种方案往往具有更高的成功率。管理者需要仔细分析达成目标的各种“成功驱动因素”，如市场策略、销售策略、运营保障（如技术支持、维修、客户）等，并且与各岗位的职责进行对标分析，最后落实具体人员的个人目标设定。

四、滞后性目标与引领性目标相结合

所谓滞后性目标是指“衡量是否完成目标”的相关指标，如“一年内提成 30% 的销售额”“一年内体重减轻 10 斤”等。之所以称为“滞后性目标”，是因为在你获得它的数据之时，所有事情都已经发生并得到结果了，所以这些指标就总是滞后的。所谓引领性目标则是对达成预定目标有着最重要作用的行为指标，如“重点客户购物单价增加 15%”“每天做 10 个俯卧撑”等。管理者在给员工设定目标时如果只是关注滞后性目标，或者将滞后性目标进行简单的季度、月度分解，对目标的迅速达成毫无意义。

表 4-1　滞后性目标与引领性目标相结合详解

传统目标设定	滞后性目标与引领性目标相结合
紧盯滞后性目标：季度财报、销售数量、损失等，在等待这些结果的时候无所事事，甚至焦虑	聚焦在引领性目标上：是否解决了顾客所有的投诉、是否提前一个月处理了过期食品等，这些都是可预见、可控的指标，不但可以积累成就感，也是促使滞后性目标达成的最重要方式
管理者：我要的是结果，对过程不关心	管理者：我需要你们给出具体到天的执行计划，以及每周的执行结果，并且以数据来衡量，由此评估对最终目标可能产生的影响

如表 4-1 所示，管理者如果能在制定滞后性目标的同时，与团队成员共同制定科学、合理、易于跟踪的引领性目标，将极大地改善执行效果。毕竟制定目标的目的不是考核员工，而是达成绩效。

在如何制定引领性目标的问题上，《高效能人士的执行四原则》一书中的一些观点可供管理者借鉴。

1. 引领性目标可分为阶段成果指标和重要行为指标，前者是指那些关于团队每个阶段达成什么成果的指标，但是会给予团队成员自由选择具体做法的空间。后者则指跟踪人员行为习惯的指标，所有成员都要对其行为习惯负责，而不必关注“结果”。

2. 考虑各种可能性，与下属进行头脑风暴，通常准备的候选项越多，制定的指标质量才越高，常见的提示性问题包括：我们可以做哪些之前从来没有做过的事情，可以帮助我们达成最重要的目标？哪些不足限制了我们最重要目标的达成？我们更应该坚持去做哪些事情？

3. 按影响力顺序排列，挑选出最重要的几个指标。

4. 阶段性地测试引领性目标并适时进行调整。

5. 将个人指标与团队指标相结合。

五、设定业绩目标需明确资源和条件，履行沟通义务并留下痕迹

任何目标的达成不仅有赖于员工的个人努力，也需要公司投入必要的资源和条件，对于那些带领团队共同完成目标的管理者而言更是如此。

比如，一名销售主管的团队目标设定为 1000 万元，但原来配置的销售人员有十名，年中有六名销售人员离职，如果在年终仍然按照十名员工的配备人数进行考核，显然难以获得员工的理解和认同。管理者与员工沟通达成目标需要的资源和条件，可以让员工看到公司的投入和支持，激励其更好地完成目标，也鼓励员工提出更多合理化建议，方便管理者及时调整行动。

另外，目标完成情况对员工有哪些影响，是否影响业绩提成、绩效评估、岗位晋升、年终奖发放等，管理者也需要提前和员工进行沟通。此外，为了便于监督执行，也便于员工充分理解自己的个人目标，管理者应避免通过会议、口头、微信等方式传达目标。从留存管理痕迹的角度，管理者可以通过书面签署、邮件通知、系统发送等方式来完成目标设定告知。当然，管理者还需要注意合理的时间提前量，避免过晚设定目标。

绩效面谈“谈什么”

在管理者设定目标后，管理者的工作任务并非已经终结。管理者对员工的工作表现进行持续反馈是管理工作的重要组成部分。管理者需要扮演好教练、辅导、顾问的角色，做好全流程的绩效管理。

其中，与员工开展绩效面谈不仅是很多企业对管理者的基础要求之一，也是管理者承担管理职责的重要体现。管理者应当秉持“沟通也是生产力”的理念，不应把绩效面谈理解为浪费时间，真正做好绩效面谈的各个环节。

案 例

绩效面谈缺失导致考核结果不成立

王某于2013年入职某涂料公司担任采购职位，2017年年底上级主管李某对王某的年度绩效评估结果为E，取消王某年度奖金的发放，因为根据公司政策，评估结果在C以上的可获得年度奖金。后王某离职并申请仲裁，要求涂料公司补发年度奖金。

庭审中，王某主张，按照公司《绩效评估指引》规定，公司的绩效评估工作流程包括绩效计划、绩效追踪、绩效评估、绩效面谈四个程序，其中关于绩效面谈的程序规定，“主管需与员工进行绩效反馈，并线上提交面谈反馈记录”。而实际上，上级主管李某并未与本人面谈，故本人亦无从知晓考核结果。公司则主张考核结果已通过线上系统告知。

解 析

一般而言，用人单位的管理者如何对员工进行绩效管理属于企业自主权，但权利行使应当按照既定的程序进行，特别是在公司已明确具体的绩效管理制度的前提下。本案例中，公司《绩效评估指引》中明确提及，主管需与员工进行绩效反馈，并线上提交面谈反馈记录。可见上级主管有义务与王某就年度评估结果进行面谈，由于公司无法举证面谈过程，最终法院认定公司的绩效评估程序存在瑕疵，据此判决公司败诉。

从上述案例可见，绩效面谈不仅是员工获知考核结果的主要途径，也是用人单位履行相关程序和告知义务的关键环节。不与员工进行绩效面谈不仅会导致管理风险，还会导致用人单位面临案件败诉的不利后果，有必要引起管理者的重视。

管理者究竟如何与员工开展绩效面谈呢？我们来看一个具体的面谈场景。

部门经理的办公室里，办公桌上文件堆积如山，员工吴某心神不宁地在上级主管张某对面坐下。

张某："小吴，我们开始吧！年终考核结果你也看到了……"

此时电话铃声响起，张某拿起了电话："喂，谁？啊，李总呀，饭桌你们已订下了，好好，客随主便，几点开始？好！一定。"

张某（通话用了5分钟，放下电话，笑容满面的脸重新变得严肃起来）："刚才我们谈到哪里了？"

吴某："年度考核结果。"

张某："哦，你上一年的工作嘛，总的来说还过得去，有些成绩还是可以肯定的，成绩只能说明过去，我就不多说了。我们今天主要谈谈不足。小吴，这可要引起你的充分重视呀，尽管你也勉强完成了年底指标，但从业绩排名来看你也处于倒数第五啊。另外，你在与同事共处、沟通和保持客源方面还较欠缺，以后得改进。"

吴某："可是，您说的'与同事共处、沟通和保持客源方面还欠缺'具体指什么？"

此时电话铃声再次响起，张某接起电话："啊，李总呀，是7点吗？什么，改成6点？不不，我没事，好好，就这样。"

挂掉电话，张某接着说："小吴，员工应该为领导分忧，可你非但不如此，还给我添了不少烦恼！这你应该很清楚！"

吴某："我……"

张某："年轻人嘛，应该多学习，多悟！回去好好反思一下，看以后如何表现！"

吴某："我全年的工作都按指标完成得没问题，没有功劳也有苦劳吧！可考核结果……"

张某："考核结果怎么了？小吴，别看我们公司人多，谁平时工作怎么样，为人处世如何，我心里可是明镜似的。"

吴某（委屈地）："我觉得您对我有些误会，是不是因为在上次销售报告会议上我的提议与王主管发生冲突，弄得很不愉快……”

张某：“你不要乱琢磨。你看看人家刘某，人家是怎么处理同事间的沟通协调的。”

吴某（心想：难怪他的各项考核结果都比我强）：“张总，刘某是个喜欢人际交往的人，自然人缘好，其实我并不是沟通协调能力差，我是个业务型的人，比较踏实肯干，喜欢独立承担责任……”

张某：“好了，李总又该催我了，今天就这样吧。还是那句话，年轻人，多学习，多悟！”

吴某（依然一头雾水）：“……”

张某自顾去陪人吃饭了，留下吴某一个人愣在那里。

从以上的谈话场景来看，作为上级的张某并没有与吴某进行实质性的沟通，面谈完全流于形式并且还导致了新的误解（认为主管对自己有偏见）。

管理者不应把绩效面谈理解为执行公司的规定而“不得已为之”的动作，面谈的目的到底是确认考核结果、与员工澄清误解还是激励员工做出更好的表现，管理者需要提前思考。通常，面谈不应被理解为只是绩效管理中的一道程序，而应理解为管理者培养和发展下属的重要途径之一。

任何沟通都需要技巧，与员工开展面谈也需要了解心理学的基本常识，人们做出决策通常都经历了一个接收外部刺激—内在反应—思考判断—做出决策的过程。比如，公司宣布裁员，那么员工势必首先希望了解“公司为什么要裁员、何时决定的、我是否属于裁员名单”，其次员工对于裁员的信息可能会产生“焦虑、紧张、担忧”等各种情绪反应，随后将所获知的信息在大脑内部“深加工”，回归理性思考层面，即“裁员对我到底意味着什么、对公司有什么影响、对我个人有什么影响、我的再就业能力究竟如何、是否要同意公司的补偿方案”。最后员工在行动上做出决策，如“决定接受公司的裁员决定，领取经济补偿金后立即投入寻找新工作的准备中”。

在绩效面谈中，要确认考核结果并就未来的绩效提升达成行动计划，管理者需要从以下几个层面把握面谈的顺序和结构。

一、客观事实层面

从员工角度，管理者如果不能实事求是地陈述问题，或不知所云，或直接对一些事件进行“主观定性”（努力程度不够、积极性缺乏等），甚至提供一些不正确的信息，总之管理者不能准确表达“到底发生了什么”，那么有效的面谈沟通势必难以达成目标。

表 4–2　面谈场景示例一

面谈场景 A	面谈场景 B
主管 A：小王，最近你总是迟到，我不止一次提醒你了…… 员工：什么迟到？我今天就早到了，昨天的晨会我也参加了。	主管 B：小王，最近我到人力资源部核对了一下你的出勤记录，发现最近三个月，你有 16 次没有准时到岗，其中有 3 次超过了 30 分钟，不知道最近你家里有什么特殊情况吗？ 员工：领导，最近确实是父母不在家，小孩没人带，上班有点耽搁了……

在上述两个面谈场景中，显然面谈场景 A 中的主管 A 并未在事实层面与员工进行有效沟通，并未给予员工表达事实的机会，反而宣泄自己的不满情绪，直接导致员工的反驳，双方“剑拔弩张”，似乎很难进行下一步的沟通。相反，场景 B 中的主管 B 相对客观地表述了存在的问题，并且有相应的数据来源，使得员工能够感受到主管并非凭空捏造事实，而是“确有其事”。此外，主管 B 允许员工对相关的事实进行补充，也让员工感受到被尊重。

因此，从有效开展面谈的角度，管理者不宜直接表露自己的情绪，首先应期望自己能够与员工就有关事实达成共识，允许员工就事实进行补充，充分弥补双方的信息不对称问题。要清晰表达“到底发生了什么”，管理者需要事先做一些准备，围绕事件的六大要素（时间、地点、人物、起因、经过、结果）进行准确的表述，如“我在 2019 年 8 月 1 日与你做过一次沟通面谈，当时……”显然比“我在 2019 年年中就提醒过你关于工作要及时汇报的问题……”更令人信服。

围绕事实层面常见的一些问题包括：

· 回顾过去一年，你的工作职责有无变化？

· 在提高客户满意度方面，你主要做了哪些工作？

· 在提高采购货品质量方面，你做了哪些工作？完成结果如何？

· 在提高交货准时率方面，你遇到了哪些具体的挑战？

· 在实现公司价值观层面，有哪些事件令你印象深刻？

当然，管理者应当区分事实、观点和情绪，事实是指已经发生或者正在发生的事件；观点则是个人对事实、观点的评论性意见；情绪则是个人的感受（通常无所谓对错）。

【考考你】你知道以下面谈的内容中，哪些是陈述事实、哪些是表达观点、哪些是情绪感受吗？

表 4-3 事实、观点、情绪区分[①]

示例	事实	观点	情绪
我认为公司从未跟我沟通过未完成业绩指标的原因。公司不能只看结果，不究其原因。			
从未告知我在哪些方面需要改进，在年底时给我差评，我难以接受！			
这些指标，是基于销售部 10 位销售员的人员配置才能达成的。而事实是人员严重不足，其中 4 名销售员分别在年中离职……			
试问 ×× 部门有几位员工是能完成业绩指标的？公司的兴衰是全公司各部门全体员工共同努力的结果，而不应该单单问责我这个经理，这样对我是不公平的！			

二、情绪体验层面

在双方就具体的事实达成共识后，管理者应当激发员工对真实情绪的分享，是充满信心还是倍感压力？是担心、焦虑还是吃惊、兴奋？是否不舒服或不满意？管理者要善于主动分享自我的情绪，对高绩效的表现，管理者往往感到满意、充满自豪感；对低绩效的表现，管理者担心、焦虑也在所难免。管理者要充分考虑员工的感受，通过情绪表达支持十分重要，同时了解员工的情绪反应也十分重要。

在情绪沟通层面，常见的一些问题包括：

· 对于工作任务的增加、工作职责的挑战，你的自我感觉如何，是兴奋还是沮丧？

· 对于采购的货品经常出现质量问题，我也经常感受到巨大的压力，十分着急，你自己呢？

· 在完成项目的过程中，哪些事情让你特别有成就感？

· 你对我们团队之间的合作，感觉如何？如果满意度从 1 到 10 上升，数字是几？

· 在面临团队分配的任务时，是否有充分信心？

· 当得知这样的结果后，你的第一反应是什么？

比如，表 4-2 的事例中，对于员工的迟到问题，管理者如果说“您这种情况我也挺着急的”，员工就可能出现情绪上的反应，“领导，我也挺不好意思的”。显然，积极

① 答案依次为观点、情绪、事实、情绪。

的情绪反应能够激发双方的理解和共鸣，为下一步良好的沟通打好基础。

三、理性分析层面

在情绪反应层面也建立了良好的沟通基础后，管理者和员工需要围绕员工的表现开展建设性的思考和讨论。通常，无论是基于个人心智模式的差异，还是各自担任的角色不同，管理者和员工就同一件事的看法并不一致，管理者应善于和员工共享自己的内心画面，通过分析价值观、对组织的影响来阐述员工绩效和组织、其他员工之间的关系，激发员工更深刻的认识和讨论，如表 4-2 的迟到问题示例中，不同的分析角度可能会导致截然相反的沟通效果。

表 4-4　面谈场景示例二

面谈场景 A	面谈场景 B
主管 A：小王，你知道迟到总是不对的，按照公司《员工手册》的规定，迟到 2 次，警告；迟到 3 次，严重书面警告；迟到 6 次，严重违纪！ 员工：领导，我迟到是不对的（内心深处可能想：我迟到 2 次你也没提醒我嘛！迟到 3 次的时候你在哪里……）	主管 B：小王，你也知道你担任的是客服岗位，执行标准工时制，而我们对外承诺的电话接听时间是 9 点，假如上午 9 点客户打电话过来，一直没人接听，我们的客户满意度是不是会受到影响呢？ 员工：确实，我的工作考核标准中有一项是客户满意度，对我个人的绩效评价也会产生负面影响……

显而易见，只是指出一种情况不正确是不够的，管理者站得更高，自然也看得更远。管理者需要分享自己的理解，让员工看到更大的画面。当然，管理者应当严格围绕绩效产出来讨论，对事不对人，更不适宜与他人的表现进行比较，多数员工反感管理者以其他人的表现来论证个人绩效存在问题。

管理者在理性分析层面应建构正面思维，通过建设性的问题激发员工提出更好的解决方案。

表 4-5　不同思维导向对比

以问题为导向	以解决方案为导向
为什么没有实现你的业绩目标？	下次你需要做哪些来实现目标？
为什么会发生这样的事？	你想获得什么样的成就？
从何时一切都开始变得糟糕？	你需要做什么去推动这些事情？
你认为你不擅长这些的原因是什么？	你如何在这个领域拓展自我呢？

续表

你的团队出现了什么状况？	你的团队需要什么支持才能成功？
为什么你那么做？	你接下来希望怎么做？
谁应该对此负责？	谁可以成功实现目标？
为什么这种方法不可行？	我们可以做什么才能产生效果？

管理者应当紧紧围绕对组织的影响、对个人职业的影响等多个角度与员工进行沟通讨论，重点是引发员工的积极参与，并从继续改进的视角激发员工对下一步行动计划的讨论。常见的一些涉及理性分析层面的问题包括：

· 项目成功的关键因素有哪些？

· 通过这件事情，我们从中学到了什么（经验或教训）？

· 怎样才能让员工更加理解和接受这项决议？

· 优秀员工有哪些共同的特质？

· 两种候选方案的优劣势分别是什么？

· 我们的产品有哪些特点是其他竞争对手不具备的？

四、行动层面

面谈沟通的最终目的仍然应落脚于“行动”，具体行动可能是确认考核结果、提交下一阶段的工作计划、安排一次有针对性的辅导和培训或者共同制定一项绩效提升计划。

与行动层面有关的问题包括：

· 接下来，你需要马上着手去做的事情是什么？

· 未来三个月，你会做出最大改变的一种习惯行为是什么？

· 在刚才得出的方案中，你会选择并实施的是哪一个？你会怎样去操作？

· 根据制订的计划，你还会说服哪些人加入项目团队？

· 下半年，我们产品的定价具体需要怎样调整？

· 我们需要召集哪几家渠道代理商，进行重点扶持与政策倾斜？

· 根据客户的要求，我们需要怎样划分具体职责？每一模块的负责人分别是谁？

管理者需要引导员工自行提出建设性的行动建议，“下一步具体该做什么”“需要哪些支持和资源”“何时完成、何时跟进反馈”，这些都是行动层面的问题。从执行力角度，管理者可以让员工自行提交行动计划，给予必要的修正和反馈，双方就此达成一致后执行。

绩效改进计划（PIP）五步法

一、绩效改进计划的实践原则

绩效改进计划（Performance Improvement Plan，PIP），近年来成为一个职场新词，被广大劳动者和管理者所熟知。PIP 是指管理者根据员工有待发展提高的方面所制定的在一定时期内完成有关工作绩效和工作能力改进与提高的系统计划。

早期，PIP 在世界 500 强（如 GE 公司）和外资企业内实施，目前越来越多的中资企业、民营企业也开始推广使用这一工具。与企业所倡导的提升员工绩效的宗旨不同，越来越多的员工把 PIP 当作“裁员的前奏”“糖衣炮弹”“更好听的解雇前通知”等。

根据笔者的观察，员工“闻 PIP 而色变”有两方面原因：一是很多执行 PIP 的企业将实施对象用在那些已经被定义为“不胜任的员工”身上，使得未通过 PIP 可能立即导致劳动合同的解除（根据《劳动合同法》的规定，不胜任的员工经过培训仍不胜任的可以解除劳动合同），让员工感受到一旦 PIP 失败，解雇随之来临。二是很多企业从未实践过正面的 PIP 案例，即通过 PIP 员工实际提升了绩效表现，或者成功执行了转岗。如果众多 PIP 的案例结果不是继续履行合同而是解除合同，无疑是在对员工传递“PIP 只是惩戒工具”的信息，因为无人能逃脱 PIP 的“魔咒”。

纠正 PIP 错误的价值定位是所有管理者必须反思的问题，笔者认为，以下两条实践原则可供借鉴。

第一条：PIP 应广泛应用于绩效存在问题且经提醒仍未改善的员工身上，而非针对已经被认定为不胜任的员工，以弱化解雇导向。同时也倒逼管理者在日常工作中加强绩效管理，而非等绩效问题频出才“秋后算账”。

第二条：PIP 应首先应用于操作成功的案例，否则不尝试失败的案例（即将 PIP 用于解雇以及其他负面目的）。

管理者应该清醒地认识到，PIP 的首要目标是培养一个优秀的员工，而不是作为淘汰员工的工具。

二、实施绩效改进计划的前提条件

如前所述，PIP 应首先运用在绩效方面存在问题的员工身上，以帮助员工在被认定为不胜任之前就提升自我最终达到组织预期。那么，在具体实施 PIP 时又有哪些注意事项呢?

案　例

PIP 计划中的培训安排

苏某是某公司业务发展岗位的一名普通员工，主要负责新车出货后配置相应的地图。2018 年 3 月 31 日，苏某 2017S2（含年度）绩效管理系统结果显示，阶段绩效和年度绩效结果均为 3.25B，未满足当前岗位期望，不能胜任工作。

2018 年 5 月 22 日，上级对苏某执行绩效改进计划，绩效改进周期为 2018 年 4 月 30 日至 6 月 30 日。改进目标的衡量标准包括：1. 在 TOP5 重点车型项目与客户达成合作意向且确认排期投放时间计划，至 6 月 30 日，总出货量需达到 6 万辆……2018 年 6 月 5 日，公司为苏某提供了“Snowman 业务分享”的业务培训，旨在促进、提升员工的业务能力，苏某通过系统报名参加了此项培训。苏某在绩效改进周期中均未达到改进目标，绩效改进计划的最终评估结果为“不合格”。2018 年 7 月，公司以苏某不胜任工作，经过培训仍不胜任工作为由与苏某解除了劳动合同。

解　析

在本案例中，苏某主张其并未确认绩效考核结果，另外在没有得到足够多培训的情况下，公司就直接确定了新的改进目标，其本人并不具备相关技能，使得 PIP 的改进目标难以实现。笔者认为，PIP 实施的重要前提之一是劳动者具备完成改进目标的技能，如果员工已经被企业定义为“不能胜任现有的工作岗位”，员工的工作技能势必不足以完成既定目标，需要组织的介入，如安排针对性的培训。本案例中，PIP 始于 2018 年 4 月 30 日，但公司直到 2018 年 6 月 5 日才提供了一次业务分享培训，显然不能达到提升员工技能的目的。

本案一审法院审理后认为，“即便苏某确实存在不胜任工作的情况，根据立法本意，

《劳动合同法》第四十条第（二）项中所规定的培训应当指用人单位针对劳动者不胜任工作而组织的专项培训或有针对性的培训，培训应当起到实质的推进作用及指导效果。本案中，公司所述的已经为苏某提供的培训系面向全体员工并由员工自愿选择报名，并非就苏某不能胜任工作一事而进行的有针对性的培训，而且该培训仅两小时，因此，公司在未对苏某进行有针对性培训的情况下即以其接受培训后仍不能胜任工作为由解除双方劳动关系，确实存在不妥之处”。

二审法院则认为，公司提交的相关证据可以体现公司的绩效改进计划周期为 2018 年 4 月 30 日至 2018 年 6 月 30 日，而公司对苏某进行培训的时间是 2018 年 6 月 5 日，此时改进周期已过三分之二，无论苏某是否接受公司的绩效改进计划，公司提交的绩效改进计划的考核结果均不能证明苏某经培训后仍然不能胜任工作。

结合上述案例以及笔者接触的众多企业的 PIP 实践，笔者认为应准确把握 PIP 的实施前提。

表 4-6　PIP 实施前提

适用 PIP？——是	适用 PIP？——否
当员工未达到预期目标； 当员工需要调整工作态度； 当员工被告知表现不佳时置若罔闻； 当我们希望员工提高他 / 她的绩效表现	当员工不具备胜任工作的技能； 当员工未因表现不佳而被提醒或未被给予纠正的机会； 当其他员工有类似问题但未被纳入绩效改进计划； 当问题涉及难以容忍或不道德的行为（骚扰、欺骗等）

如果员工不具备相应的技能，或者从未被提醒（直属上级应给予员工自我纠正的机会）或者其他员工有类似问题也未执行 PIP（内部公平性），贸然执行 PIP 只会导致员工和上级的矛盾激化，并且公司采取更激烈的解雇措施也往往会被司法机关否定，从而带来新的问题和风险。

三、绩效改进计划的规划与实施要点

在正式开展 PIP 之前，企业应当事先设计相关的流程、与员工进行充分讨论、留存必要的文档以确保计划能够得到妥善实施，并且有效地控制风险。

表 4-7 PIP 实施要点

模块	实施要点
绩效回顾	尽可能详细地阐述绩效讨论的历史； 说明个人在特定领域存在的绩效问题（通常划分为 2—5 类）； 举例说明员工所表现出的每一个特定的绩效问题； 必要时提前准备相应的证据辅助沟通
改进周期	有规章制度的，按规章制度执行； 无规章制度的，通常不少于 30 天，不超过 120 天，平均为 60—90 天，取决于员工的水平；他 / 她的工作周期；工作的复杂性；劳动合同到期日
改进培训	明确具体的培训时间、地点、执行人（通常不少于 3 次）； 需要告知培训的原因； 执行培训应当有痕迹，包括保留相关的培训小结、记录等
改进目标	尽可能适当地使用客观因素（销售数据、完成的数量、完成时间）； 尽可能客观化地衡量主观因素（如得分，或客户和同事的反馈等），如果客观因素不能解决实际的绩效问题，就不要一味使用客观因素而忽视主观因素； 定义未通过的标准，如累计 3 次中期回顾未达标的视为不通过 PIP； 定义未通过 PIP 的处理方式，避免模糊化表述（如公司视情形采取转岗、协商解除等措施）
进度审查	经理和员工应该开会讨论阶段性的改进进度； 最好能在每次进度审查后完成，并提供一份副本给员工签署，替代方法是通过后续邮件总结讨论； 在绩效改进计划期间安排期中评估，确保员工清楚地知道自己在通过绩效改进计划中的立场以及可能出现的失败

实施过程中的其他注意事项。

1. 确保绩效改进计划要素紧密相连。一开始指定的绩效缺陷应该与给出示例的缺陷以及计划测试的缺陷相同（例如，不要在没有被指定为绩效缺陷的项目上对员工进行测试）。

2. 在绩效改进计划中不应该有任何实际上不可能实现的内容。（例外：目标在建立时是可行的，但随后员工远远落后于绩效改进计划，以至于目标几乎无法实现，尤其指销售目标）。

3. 绩效改进计划中的任何事情都不应该让员工感到羞耻。例如，他不得不数着每一分钟度日，或被监视。

4. 绩效改进计划不应要求员工做任何比其他同职位员工更难的事情。

5. 绩效改进计划不应要求员工做任何超出其工作范围的事情。

6. 在绩效改进计划中安排期中评估，确保员工清楚地知道他/她在保住工作方面的立场。

7. 不要想当然地认为员工知道你想要什么。

8. 要考虑到，员工未通过绩效改进计划将意味着你的失败；我们的目标是帮助员工成功。

9. 不要等到没有人愿意和员工一起工作时，才把他纳入绩效改进计划。

10. 确保当你假设自己是员工时，绩效改进计划能清楚地告诉你保住工作需要做哪些事情。

四、准备可靠的文档

在绩效改进计划实施过程中，需要相关文档以支持未来的定期回顾，也可以作为争议发生时的证据，可靠的文档应当具备以下要求。

1. 真实的、准确的。

2. 避免主观臆想，如“员工没有认真对待绩效改进计划”。相反，要记录导致这一结论的事实，如“员工仍未安排所需的会议”“员工要求在绩效改进计划截止日期临近时临时休假”，这表明他们对绩效改进计划的结果漠不关心。

3. 提供足够的细节，并使用特定的例子来支持陈述和结论。

4. 对员工必须及时完成的任务给予明确的反馈，如“必须在下一次进度审查前完成 X、Y 和 Z 事项，才能在最后期限前完成工作”。

5. 保留来自员工的电子邮件和其他文档。

其中，一份完整的绩效改进计划表是最重要的文档之一，如表 4-8 所示。

表 4-8 绩效改进计划表（示例）

员工绩效培训及改进计划	
员工姓名：	职位：
部门：	直属上级：
入职日期：	在岗时间：
主要的岗位职责：	
绩效回顾	

续表

<table>
<tr><td colspan="5">工作改进原因说明（描述员工绩效存在问题 / 不胜任的主要表现）
1.
2.
3.
直属上级签名：　　　　员工签名：</td></tr>
<tr><td colspan="5">绩效培训</td></tr>
<tr><td>培训内容</td><td>培训周期</td><td>执行人</td><td>完成时间</td><td>完成情况</td></tr>
<tr><td></td><td></td><td></td><td></td><td></td></tr>
<tr><td></td><td></td><td></td><td></td><td></td></tr>
<tr><td></td><td></td><td></td><td></td><td></td></tr>
<tr><td colspan="5">改进目标及方法：（直属上级填写）</td></tr>
<tr><td colspan="5">1.
2.
3.
考核周期：×××× 年 × 月 × 日至 ×××× 年 × 月 × 日，进度审查总计 4 周，累计 2 周不达标则视为未能通过本计划。
结果运用：在改进周期内未改善，则
□视为员工无法胜任现有工作岗位
□安排岗位调整
□按不胜任解除劳动合同
如通过改进计划，则在原岗位上继续履行劳动合同。
员工签名：　　　　日期：</td></tr>
<tr><td colspan="5">进度审查</td></tr>
<tr><td colspan="2">第 1 周：改进情况（达标 / 未达标）</td><td colspan="3"></td></tr>
<tr><td colspan="2">第 2 周：改进情况（达标 / 未达标）</td><td colspan="3"></td></tr>
<tr><td colspan="2">第 3 周：改进情况（达标 / 未达标）</td><td colspan="3"></td></tr>
<tr><td colspan="2">第 4 周：改进情况（达标 / 未达标）</td><td colspan="3"></td></tr>
<tr><td colspan="5">最终绩效评估：
员工签名：　　　　日期：</td></tr>
</table>

五、拒绝配合绩效改进计划的处理

在理想的情况下，员工配合签署相关文件，推进改进计划的实施，但也不排除员工对直属上级认定的“不胜任工作”“绩效存在问题”持有异议，拒绝签署任何表格，该种情形下是否仍有必要推进改进计划应当视情形讨论。

通常，在劳动关系领域，劳动者需要接受用人单位的管理和指挥，这是劳动关系的应有之义，在用人单位未违反法律规定、未滥用管理权的情况下，劳动者应配合相应的管理措施，包括对绩效有问题的员工实施改进计划，劳动者无正当理由拒绝配合绩效改进计划可构成违纪行为，用人单位可按照规章制度进行处理。

但在此之前，直属上级应当与员工事先沟通员工拒绝签署文档的原因，并做出合理解释，如果直属上级无法提供证据证明员工绩效存在问题或者不胜任工作，则劳动者拒绝绩效改进计划属于对不合理评估结果的抗拒，不构成违纪行为。直属上级应当通过进一步安排工作、加强绩效反馈等其他方式推进对员工的管理。相反，如果直属上级的考核结果并无显失公正之处，有相应的事例和证据加以证明，如又无其他合理的管理手段，直属上级可以单方推进绩效改进计划，并要求员工执行绩效改进计划中所提到的相关要求，在员工拒绝签名且沟通无效的情况下，直属上级可通过邮件、书面等方式告知改进要求、培训安排等，员工仍不执行的，执行纪律处分直至满足解除劳动合同的条件。笔者曾代理一起医药公司的案例，某医药代表因销售业绩不达标被要求执行绩效改进计划，其中绩效改进计划中的一项任务为参加绩效改善培训，员工在收到邮件通知后仍正常外出拜访客户，拒绝公司安排的合理培训，后公司以旷工为由解除了该员工的劳动合同。该案件最终以员工败诉而告终，仲裁委认为员工已被明确告知需参加培训且知晓缺席培训构成旷工，员工继续拜访客户的行为不视为按照公司要求提供劳动，构成违纪行为。

当然，从管理有效性的角度来看，公司应尽量避免单方推进绩效改进计划，因为此类操作通常无任何管理效果，劳动关系双方的对抗会进一步加剧，多终结于员工违纪解除。并且对一个绩效存在问题的员工，管理者的管理方式实际有多种，可以直接布置工作、安排培训、设定目标、加强工作反馈等，而非一定要实施绩效改进计划。

对员工不胜任工作的举证

在绩效管理过程中，对于确实无法胜任现有工作岗位的员工，管理者应及时处理，包括执行岗位调整、提供培训乃至解除劳动合同等。及时处理低绩效问题不仅对企业重要，也是维护组织公平的手段。如果对低绩效员工不进行处理，将导致资源配置失衡，对组织发展无益，甚至会影响其他员工的表现。

然而，对不胜任的员工予以甄别甚至淘汰，不是一件特别容易的事，因为对该类员工的处理极易因“损害其利益”而遭到抵制，甚至引发诉讼。虽然界定“不胜任”十分困难，但管理者必须迎难而上。

案　例

未完成业绩目标就是不胜任工作吗?

刘某是一家销售公司的老员工，1999 年入职，一直从事销售工作。2013 年 8 月，公司与刘某签订无固定期限劳动合同，合同约定刘某担任区域销售经理职位，同时约定员工不胜任工作的，公司执行岗变薪变原则。

2018 年 3 月，刘某升任高级销售经理职位，领导十几名销售人员。2018 年 12 月底，HR 向所有业务部门经理发送邮件，告知 2018 年的年度绩效评估务必于 2019 年 1 月 15 日前在 workday 系统上完成。刘某的上级即大中华区销售总监 Jackie 于 2019 年 2 月 8 日在系统上完成了对刘某的评估，记录目标业绩 100 万欧元，实际完成 60 万欧元；领导力不足，包括 2018 年 10—12 月 4 名销售人员离职等，最终评语为：落后于绩效预期。经查，公司《员工手册》规定，不胜任包括经过绩效评估、绩效改进计划仍未达到要求者。

2019 年 4 月 8 日，公司人事经理 Jenny 向刘某发送调岗通知书，安排刘某从事客服主管职位，工资下降 15%。刘某对新主管安排的工作多次提出异议。2019 年 7 月 21 日，公司以刘某不胜任工作经调整后仍不胜任为由与刘某解除了劳动合同。刘某则申请仲裁，要求公司支付违法解除赔偿金。

案件审理过程中，刘某对不胜任认定提出了下列异议：

1. 落后于绩效预期不等于不胜任工作；

2. 未确认实际完成的业务数据，即使未达标也存在多方面原因，而且领导力没有考核依据和目标设定；

3. 公司违反了绩效评估程序，上级主管未与本人进行面谈（往年都有面谈），也未在HR通知的截止日前完成评估；

4. 上级在2018年一年中从未指出本人工作存在问题；

5. 绩效评估结果没有得到本人确认，不生效。

解　析

上述案例中，管理者试图通过绩效评估结果来证明员工不胜任工作，但遭到员工多方面的质疑，这些质疑是否成立呢？应当指出，用人单位对员工的绩效表现具有评估权，这是用人单位管理权的重要组成部分，也是劳动关系的应有之义。故绩效评估结果不能仅凭没有得到员工确认就否定其效力，应当综合考虑用人单位是否正确行使了评估权，如评估规则是否明确（考核标准、不胜任的具体定义等）、上级主管是否严格按照既定程序进行评估、评估有无客观事实依据等。

本案例中，首先，公司《员工手册》未规定“落后于绩效预期”属于不胜任情形，容易引发理解上的分歧，且产生争议时审理机关容易做出对用人单位不利的判断。其次，根据公司人力资源部的部署，考核评估应在2019年1月15日前完成，上级主管直到2019年2月8日才完成评估，违背了企业内部管理程序，如员工所述确实未开展绩效面谈，似乎亦未能保证员工对绩效评估的参与权、知情权，评估程序存在瑕疵。再次，对于业绩问题，如果公司能举证实际完成结果，则员工予以否认应提供相反证据加以证明。最后，管理者从未对员工进行持续的绩效反馈，也会构成争议解决时的“软肋”。综合分析，本案认定员工不胜任工作难以成立。

结合上述案例，要认定员工不胜任工作，管理者需要从以下几大因素分析并进行相应的准备。

一、绩效制度

绩效制度是管理者开展绩效管理活动的重要依据之一，其内容通常会确定管理者该如何对员工进行绩效管理，包括评估、面谈、申诉、反馈等。如果绩效制度的制定存在如下问题，可能直接导致考核结果不被仲裁委和法院所支持：

1. 绩效制度未告知员工，事后员工主张不知情、不知晓且无证据加以证明；

2. 绩效制度出台过程中，未征询员工意见，属于部门领导“拍脑袋”的产物，未履行民主程序，对员工不产生约束力；

3. 绩效制度的内容不合法，如连续两次考评不合格就可以解除劳动合同，违反了《劳动合同法》的相关规定等。

显然，绩效制度应当符合“程序合法”和“内容合法”两大条件，同时在内容设计上更多反映员工的“参与权”，则其合理性将得到更多认同。HR 部门和业务部门应当密切合作，确保针对员工的绩效制度能够落地生效。

需要指出的是，有些企业推行“末位淘汰制”的考核评价方式，该等方式由于缺乏公平合理性难以得到法院支持。实际上，如果部门绩效表现较好，仅仅以员工排名末位而认定员工不胜任工作确实缺乏合理性，故用人单位仍应结合员工的岗位职责、工作目标作为评价依据，而不是参照其他人的表现。与末位淘汰制相关的一些概念如“绩效强制分布”等，也容易遭到否定。

二、考核依据

考核依据对认定员工不胜任的影响不言而喻，原劳动部《关于〈中华人民共和国劳动法〉若干条文的说明》中将“不能胜任工作”表述为：不能按要求完成劳动合同中约定的任务或者同工种，同岗位人员的工作量。如果公司从未与员工约定考核要求，那么认定员工不胜任将无从谈起，管理者如果放弃对员工提出要求，就要承受无法认定员工不胜任的结果。

那么，如何认定管理者对员工有明确的考核依据呢？此问题宜从员工角度来理解，员工对于考核依据方面的质疑主要包括：

1. 公司对我没有明确的岗位职责界定；

2. 公司从未对我设定过业绩目标；

3. 虽然设定过业绩目标，但相关的指标多为软性指标，无法客观量化；

4. 相关目标和要求过于苛刻，不能作为评估依据；

5. 虽然设定了目标，但未明确具体的考核标准；

6. 虽然设定了目标，但未明确目标设定的用途。

表 4-9 是某公司对员工的绩效目标和考核表，其类别分为“能力”和“表现”，“能力”或“表现”任一分数低于 70 分视为不胜任工作。

表 4-9　某公司绩效目标和考核表

考核项		描述	分值
能力	组织战略	当公司战略及策略等发生变化时，能对计划做出适应性调整并付诸实施； 能根据公司和客户（含内部客户）的需要，自主提出可行的方案和工作计划并付诸实施	15
	领导技能	与最新的发展趋势保持同步，成功地将技术知识运用于实践中； 掌握本岗位的工作所具备的专业知识和技能，能有效发现问题并及时加以解决； 能以公司的观点制定企划、发言、提议； 从旁给予帮助、建议发挥下属的优点； 愿意分享工作经验或方法，与其他部门交流沟通，乐意听取他人意见，愿意与他人分享经验； 具备相应岗位必需的业务知识、技能和方法，对所在团队的工作提供技术支持	30
	职业敏感性	关注国家相关政策性法律法规在工作中的运用； 跟踪本领域最新研究动态的能力	8
	沟通协调能力	与其他部门协调、沟通、交流信息； 负责协调分管部门的关系，并及时处理突发性事件； 与上司、下属、客户保持良好的协作关系	18
	执行力	协助上级决策，过程中与相关人员协商，鼓励他人参与； 接受与支持团队的决定，并建立适当的措施，以达到最终目的； 能清晰理解工作任务，并严格按照时间节点、工作目标和标准设计工作进度	17
	分析判断力	判断工作和项目的期限及难度； 明确向上级提交重要事情或问题的恰当时机； 对日常工作中遇到的问题和数据、信息运用逻辑思维的方法进行系统分析的能力； 分清事情的轻重缓急，能找出解决问题的不同办法	20

续表

考核项		描述	分值
表现	自律性	缺勤率含病假、事假、婚假、产假、探亲假； 遵守公司考勤制度不迟到、不早退、不无故旷工； 节约能源，包括个人办公用品、公共设施、水、电等； 遵守办公室制度、奖惩制度、员工手册等公司各项规章制度； 注意设备的使用和维护	10
	责任感	忠于公司，热爱团队，维护企业形象； 尊重领导，配合支持工作； 能根据不同的环境和条件及时调整自己的心态和工作方法； 对工作任务有使命感	15
	团队建设	关注员工关系维系情况； 有效激励下属，并在必要的时候采取惩戒措施； 建立并保持一个高效的工作团体	15
	部门 KPI	详见本部门 KPI 指标	40
	工作态度	完成目标过程中，注意工作方法使用及时间和成本控制； 乐于接纳额外的工作任务； 在无监督的情况下保证工作质量	12

例如，某员工就考核问题与公司发生争议，其在仲裁及诉讼中提出，“绩效考核的指标类别有 11 项，量化考核内容多达 36 项，其中并没有特定工作任务的考核项，多为领导力、沟通力、执行力、责任感、团队建设等整体管理效果的考核内容”。员工的质疑不无道理，其虽然有高达 36 项的考核内容，但除部门 KPI 外，多数为主观定性描述，与客观考核要求之间的比重明显失衡，在发生争议时也增加了自己的举证难度。管理者宜简化目标设定和考核要求，将客观量化考核与主观评定相结合（如分别设置为 70%和 30%），使之更具有科学性和合理性。

对员工提要求，并非要求越多越好，要求越多会使企业的举证成本越高，不符合经济要求。

三、考核程序

从司法角度，如何对员工进行考核有时甚至比考核的内容更为重要，因为用人单位是否严格执行考评程序往往是司法审查的重中之重。

完善的绩效考核程序有利于保障员工权益，对用人单位而言则有利于限制管理者滥用“单方判断权”，对司法机关而言则便于评判。管理者可以参与绩效评估程序的设计，使之具有可操作性且方便举证，规范的考核程序通常涉及目标设定、绩效反馈、评估面谈、绩效申诉、改进计划等多方面内容。

以某公司的绩效管理制度（摘录）为例。

绩效考核周期：公司财年为每自然年4月1日至次自然年3月31日；销售岗员工每财年进行一次绩效考核，考核周期为4月1日至次年3月31日，考核全财年业绩完成情况。

绩效管理的主要环节：绩效管理包括制定绩效目标、目标跟进和调整、绩效考核、绩效反馈四个主要环节。

绩效考核：考核周期结束时，员工应对照绩效考核周期内制定的绩效目标，在绩效管理系统中进行自我评价，并提交给直接上级……

绩效反馈与面谈：考核结果确定后的一个月内，直接上级应确保与每位员工进行绩效面谈，给予绩效反馈，并沟通绩效结果；绩效反馈内容应在绩效管理系统中保留。

员工确认：员工在绩效面谈结束后，在绩效管理系统中确认绩效面谈已完成，并对绩效结果予以确认。若员工选择同意绩效结果及绩效反馈，则系统单据将保存此状态并关闭；若员工选择不同意绩效结果及绩效反馈，待进一步沟通处理。

申诉：员工若对绩效管理结果有异议，可在直接上级与员工沟通绩效后一个月之内向隔级上级提出申诉处理，HR协助沟通；隔级申诉处理未达成一致的，由本业务的业务负责人（总监及以上管理者）和人力资源负责人对申诉所涉及事实进行最终认定，此认定结果为员工的最终绩效考核结果。

显然，判断考核程序是否合理的一个重要指标为员工参与度。员工参与度越高，考核程序越合理。前述绩效考核制度中提及绩效反馈、面谈、确认、申诉等多个流程，均有员工的参与，是较为规范的考核程序。设置较为规范的绩效考核程序有利于公司正确行使“评估权”，也能让司法部门感受到公司对员工的公平对待，而非由管理者自由发挥行使判断权。

管理者在考核程序已经确定的情况下，应做到以下几点：

1. 严格按照公司既定的考核程序（如考核主体、考核时间、反馈与沟通等）进行绩效管理和评估；

2. 就关键的考核程序应留存证据（如设定目标、告知考核结果、实施改进计划、绩效面谈等）。

四、持续的绩效反馈

“年初定目标、年底考核”是很多管理者对绩效考核的理解，实际上绩效管理需要管理者持续的沟通和反馈，这不仅是管理要求，也是认定员工不胜任的主要影响因素之一。在企业管理实践中，普遍存在的问题包括以下几个。

1. 管理者从未对员工的问题进行过提醒、要求改进，使得在管理者认定员工不胜任工作时，员工“反咬一口”：“如果你在第一季度就告诉我沟通能力不行，我会马上改进以达到你的要求，你为什么现在才说？为什么要剥夺我改进的机会？”

2. 管理者没有着眼于改善和提高的反馈，甚至对员工做出多次肯定的评价，但年底的评估结果却是“差评”。比如，员工在 2019 年 6 月获得了升职，2019 年 10 月还续签了劳动合同，结果被管理者评定为“年度绩效评估不合格”，员工提出质疑：“2019 年 6 月升职即代表对我能力的认可，为何说我全年绩效不达标呢？”显然，前后存在矛盾的绩效反馈将直接导致更多的冲突，发生争议时往往以公司败诉而告终。一些反映管理者对员工做过肯定绩效反馈的事件包括发放较高的月度 / 季度 / 年度绩效奖金、转正、升职、加薪、续签劳动合同、颁发优秀员工奖状、在一个岗位上长期履职且从未被认定为不胜任……

3. 管理者所有的沟通反馈全部以口头、电话等缺乏痕迹的方式进行，使得争议发生时无法提供证据加以证明，管理者主张：“我哪知道他这么不讲诚信，最基本的事实也予以否认！”显然，管理者不应该赌“人性的弱点”，虽然不诚信的行为不可取，但不能成为管理者未尽管理义务的理由。重要的绩效反馈应当通过线上系统、电子邮件、书面记录等方式加以证明。

五、名词解释

如前所述，“不胜任工作”实质上是一个法律概念，但企业管理往往大量采用管理术语和人力资源术语，如“绩效有待改进”“不合格”“落后于绩效预期”“低于 70 分”等，如果对相关评价语言缺乏清晰定义，也极易发生纠纷。

实际上，企业对何为不胜任工作可以有多重定义，如不胜任工作包括以下任意一种情形：经绩效评定，结果为×××的；不能完成上级交代的工作任务的；多次被要求绩效改进的；未通过绩效改进计划的；未完成约定的业绩指标的。

除“不胜任”本身的术语定义外，企业在设置一些目标、分值、考评标准时，也应尽量避免分歧。如销售目标为100万元，完成99.9万元是否也算不胜任呢？如果管理者进一步明确销售目标的完成率为70%，未达标的视为不胜任工作，则更容易理解和操作。

有关名词解答的问题，管理者宜与HR部门协商，确定具体的定义方式。

不胜任解除的三大关键步骤

员工被认定为不胜任以后，管理者可能会采取多种措施改变现状，其中一种是劳动合同的提前解除，包括与员工协商解除或者单方解除。根据相关法律规定，管理者要实施单方解除的，尚需满足以下前提条件：

1. 证明员工不胜任工作；

2. 管理者对员工实施针对性的培训或者岗位调整；

3. 在培训和调岗之后，证明员工仍不胜任工作；

4. 解除劳动合同时，员工不属于特殊的解雇保护范围（如“三期”女职工、医疗期内的员工等）。

除了第 4 个条件一般由公司人力资源部门识别之外，管理者需要完成前三步的管理义务。

案例

销售改进计划能否视为培训?

在本章第一节提及的案例中，员工阮某 2013 年因为全年销售业绩不达标被上级认定为不胜任工作。2014 年年初，直属上级以邮件方式给阮某制订了销售改进计划（列明存在的问题和改进方向）。因 2014 年各季度阮某仍未达标，2015 年阮某被以不胜任工作，经过培训仍不胜任工作为由解除劳动合同。

该案审理过程中，阮某除对不胜任认定持有异议外，还否认上级对其执行了不胜任培训，相关销售改进计划的邮件往来属于日常工作邮件往来，不属于培训，直属上级也从未告知上述邮件属于培训组成部分。公司为了进一步证明曾对阮某进行过培训，还提供了公司的 E-Learning 学习知识库，说明员工可以在线学习，此外还举证员工参加的若干次产品知识培训的记录。

解　析

本案的争议焦点之一是直属上级是否对阮某实施了不胜任培训，从公司的举证情况来看，尽管直属上级与阮某进行过销售改进计划的邮件沟通，但上级既未明确共同制订销售改进计划属于培训，更未明确销售改进计划系因不胜任工作而开展，故难以认定为因阮某不胜任工作而展开的针对性培训。至于另外两种培训方式，一审法院认为，虽然我国法律、法规对劳动者不能胜任工作后用人单位应采取何种方式对劳动者进行培训并未有明确的规定，但根据《劳动合同法》上述规定的精神，当劳动者出现不胜任工作的情形时，用人单位应针对劳动者不能胜任工作的具体表现，有针对性地安排相关知识或技能上的培训，以使劳动者可获取与其职务履行相当的知识或技能。而从公司所陈述的培训方式看，E-Learning 系统供员工自我学习，由于该知识库作为公司提供给所有员工自学的一个公共平台，公司亦未有证据证明该知识库的内容中具有针对其所述的阮某不胜任工作情形的特定培训内容，故该培训方式难以确定为系针对公司所述的阮某不能胜任工作情形的培训。对于公司主张的业务培训，一次是针对新进销售人员的培训，另一次是针对新产品的培训，并非针对阮某不胜任工作的培训。法院最终判决公司违法解除劳动合同。

由上述案例可见，管理者试图以不胜任工作解除劳动合同，不仅需要两次证明员工不胜任工作，还必须安排有针对性的培训或者岗位调整。

如实施有针对性的培训，管理者需要避免如下错误的理解或操作：

1. 认为对不胜任工作的员工无须进行培训（亦不安排调岗）；

2. 虽然安排了培训，但并非针对员工不胜任工作而开展，将日常业务培训理解为不胜任培训，或者将继续从事本职工作理解为培训；

3. 虽然安排了培训，但未明确培训的原因（未指明系因不胜任工作而开展）；

4. 培训的时间过短，以为安排一次三小时面谈就构成了培训；

5. 培训没有实施记录和痕迹，事后发生争议无法举证；

6. 员工拒绝培训后未实施纪律处分，放任不管。

如实施有针对性的岗位调整，管理者也需避免如下错误的理解或操作：

1. 认为不胜任工作的员工无须进行调岗（亦不安排培训）；

2. 虽然安排了调岗，但未说明系因不胜任工作而展开的调岗；

3. 安排的调岗不合理，如安排员工从事不具备相关知识、技能、经验的岗位工作，或者安排的岗位带有惩罚、侮辱性质（如安排从事门卫、保安等职务）；

4. 安排调岗时未履行充分的沟通义务，未明确新岗位的工作职责、汇报关系、薪资报酬、考核要求等；

5. 安排调岗通过口头方式进行，无书面或电子数据痕迹，发生争议后无法举证；

6. 员工拒绝岗位调整后，未实施纪律处分，放任不管。

无论是执行培训或是调岗，管理者都需要做好充分的沟通，并留存相关证据。如果员工配合培训或调岗的，应推进下一阶段的绩效管理，设定新的业绩目标、考核要求，持续跟进员工的工作反馈，确实仍未达到岗位要求的，公司可依法解除劳动合同。

结合相关实践，面对一个已经被认定为不胜任工作的员工，管理者宜采取合理的措施。

表 4-10　对不胜任工作员工的处理方案对比

方案选择	利弊分析
培训	实施针对性培训存在一定难度； 培训期间不得降低工资
调岗	调岗合理性容易产生争议； 如无相反约定，调岗可以同时调薪
绩效改进计划	需要员工的积极配合； 未通过计划未必导致解除
协商解除	如无法达成一致则后期管理存在较大难度； 支付经济补偿可能导致负面效应
单方解除	直接单方解除可能被认定为违法解除
维持现状（放任不管）	放弃管理反而可能被认定为员工胜任工作； 对其他员工不公平

如表 4-10 所示，管理者尤其应当注意，对一个不胜任工作的员工长期采取放任不管的做法，将极大地增加管理成本，事后处理难度极大，有必要极力避免。

再议“末位淘汰制”

每年5%的淘汰率比裁员更有利于人员的管理。

——任正非

末位淘汰制的提出者是20世纪70年代到20世纪90年代的美国通用电气公司（GE）前CEO杰克·韦尔奇。在GE，公司以业绩为横轴（由左向右递减），以组织内达到这种业绩的员工的数量为纵轴（由下向上递增），区分出业绩排在前面的20%的员工（A类）、中间的70%的员工（B类）和后面的10%的员工（C类）。这种评估组织内人力资源的方法，韦尔奇称为“活力曲线”，GE公司的“活力曲线”“末位淘汰”“绩效分布”的相关管理举措曾助益GE大获成功。

在国内，对末位淘汰制度褒贬不一，但总体而言，成功实践末位淘汰制度的企业较少。

案　例

华为的末位淘汰制[①]

华为从1996年开始提出“末位淘汰”这个概念，当时华为的考核分为六个等级，A、B、C、D、E、F。由于操作起来较复杂，后来华为的考核标准简单地分为A、B、C、D四个等级，A为“优秀”，占比10%；B为“良好”，占比40%；C为“正常”，占比45%；D为“须改进”，占比5%。考核成绩连续为D，就意味着将有可能被末位淘汰，考核成绩连续3个C，就意味着不能涨工资。

① 《华为重启末位淘汰：不能把员工培养成贪得无厌的群众》，载http://mini.eastday.com/a/171213121654100.html，访问时间：2020年3月22日。

华为从1999年开始真正实行末位淘汰制，但还不是完全意义上的淘汰，而是一种“下岗培训”，即让不适应岗位的员工“下岗”，回公司总部经生产部门培训后，可去新岗位应聘，应聘成功后可转入新岗位工作。也就是在真正的淘汰之前，再给员工一次上岗机会，如果你能在新的岗位上踏踏实实地做出成绩，做出贡献，公司还会给你机会，有许多曾经“下岗培训”后再应聘上岗的员工被提拔为干部的，如湖北武汉办事处曾有几位“下岗培训”后重新上岗，努力工作被提拔为基层干部的骨干员工。

虽然公司已明确要坚定不移地实施末位淘汰制度，但是执行起来都比较柔性，如员工不合格，属于需要淘汰的对象，公司还有内部劳动力市场，也即根据公司内部各部门的人员招聘情况，员工可应聘其他部门和岗位，如果对方接受，就可调动部门岗位，也有主管将打算淘汰的员工调动岗位。对于刚来公司的新员工，刚开始总有个熟悉的过程，所以只要压力能传递到，新员工努力，不断进步，就不会被淘汰。

华为在末位淘汰制度上坚定不移，每年各部门淘汰5%的比例不会动摇，但任正非要求主管和干部部在执行上柔和与包容，要求一定做好员工思想工作，这是灰色思想的表现之一。

灰色思想的表现之二，是注意做好工作，让淘汰人员满意地离去，在档案上写得好一点，不留下任何黑点，让他们出去比较容易找到好工作，并告诉那些员工，他们离开华为只是暂时不适合此岗位，并不代表他永远不适合这个岗位，不适合其他公司或其他岗位，他们以后还要找工作，还要在社会上做人，所以一定要让他们心情平和、心服口服，甚至高高兴兴地离开，将来有一天，他们还想回华为的话，通过考核，也可以再回来，华为的大门始终向他们敞开。

考虑到现在的孩子都是独生子女，没吃过什么苦，心理承受能力比较差，为了做好员工的思想工作，华为为每个干部部配备了1—2名老专家、老教授做员工的思想导师，负责与员工谈心，解决他们的困惑，了解他们的思想问题及工作、生活情况。

其实，真正被淘汰的员工不多，5%中更多的是自己选择离职，而不是被华为淘汰的。选择自己离职，一是给自己面子，二是还可以多拿10个月的工资。所以不少员工在即将被淘汰时，多会选择自己离职。

解 析

与GE不同，华为公司列入淘汰的人员未必是立即解雇，还有培训、内部创业等多种方式，而非简单粗暴的解雇，其末位淘汰更接近于末位转岗。此外，公司还投入精力进行员工沟通，将争议和风险降到最低，显然这种柔性的处理方式也是华为公司能够坚持末位淘汰制度的原因之一。实际上，末位淘汰的本质理念是对不同表现的员工予以区分，采取不同的管理方式，这也是众多企业的常见需求，即使没有末位淘汰的提法，企业也须对员工的绩效表现进行分层，找出那些优秀员工并对优秀员工予以留用激励，对绩效差的员工采取管理约束手段。从这一点看，末位淘汰作为一种员工区分方法和激发组织活力的工具有其正面价值。

但是国内众多企业践行末位淘汰则普遍存在如下误区。

一、在中小企业推广末位淘汰制

末位淘汰比较适合 GE、华为这一类大型企业，大型企业有完善的薪酬福利、股权激励等措施，不愁新员工的进入，并且大型企业普遍存在机构臃肿、人浮于事的情况，末位淘汰有激发组织活力的功效。而广大中小型企业的组织结构未必健全，有些部门人数极少，难以推行末位淘汰制，即使将普通的员工予以淘汰，也未必能吸引新的优秀人才的加入。贸然推行末位淘汰制将导致员工人心惶惶，归属感荡然无存，组织绩效未必会有所提升。

故而，人数较少、正在发展上升期的中小型企业不宜推行末位淘汰制。

二、将末位淘汰等同于末位排名

末位淘汰要求在组织中剔除低绩效的员工，有些管理者将末位淘汰简单理解为在组织内进行绩效打分，然后根据分数高低确定淘汰人选，这种方式无疑难以获得员工的认同，特别是有些管理者在与员工进行绩效沟通时反复强调“你的业绩在团队属于倒数第一”，直接挫伤员工的自尊心，最终也可能导致员工不满，引发劳动争议。

实际上，管理者仍然需要结合员工的产出是否达到组织预期来判断员工是否已经处于“低绩效区间”，如果确属“低绩效区间”同时又处于团队的末端，才有实施调整措施的必要。

三、将末位淘汰应用于所有组织单元

显然，末位淘汰制度适用于绩效评估较为简单、较少强调团队合作的单兵作战岗位，如销售岗位。对于一些职能部门、人数极少的部门则很难确定具体的淘汰比例。此外，即使是一些易于量化评估的销售团队，也不应对其所有团队执行末位淘汰。

如公司有四个销售团队，A、B、C 三个团队均完成了销售目标，而 D 团队未能达标，此时要求四个团队全部执行同等比例的绩效强制分布显然并不公平，妥善的做法是对于达到或超过组织预期的团队，不强制推行末位淘汰或强制分布，而是根据组织内的实际情况来评估，如果确有个别员工绩效极差，则纳入调整范围。相反，对于整个团队都未能达标的组织，则可要求管理人员对绩效进行强制分布，甚至要求对团队负责人进行末位淘汰也不失合理性。实际上，包括华为、京东在内的企业越来越多地将末位淘汰运用到主管身上而非普通员工身上。

此外，需要注意的是，对于特别强调团队合作的团队（如研发团队），由于绩效产出是团队成员共同努力的结果，组织重点评估的是团队绩效而非个人绩效，如以末位淘汰区分所谓的个人绩效极可能导致团队成员各自为战，战斗力丧失殆尽。

四、将末位淘汰理解为末位解雇

如前所述，即使员工绩效处于末位，考虑到劳动法律的严格限制，执行单方解雇仍可能被认定为违法解除，管理人员对低绩效员工可采取绩效改进计划、待岗、内部竞聘再上岗、转岗等措施，设立相应的“缓冲机制”，不仅有利于化解矛盾，也有利于员工能力和价值的最大化发挥。总之，应将末尾解雇限制到最小范围。

显而易见，末位淘汰制不是降低了绩效管理要求，而是提升了绩效管理难度，考虑到我国多数企业尚未建立规范的绩效评价体系，以末位淘汰来替代绩效管理往往事与愿违，成功施行末位淘汰的企业寥寥无几，但失败的则比比皆是。

就在 2015 年，GE 公司也取消了末位淘汰制，取而代之的是去标签化的绩效管理，即不再区分员工“好、较好、中等、较差、差”，通过一个绩效考核 APP，员工将个人短期工作目标列表，实现每月至少一次的与经理的即时沟通，通过缩短绩效反馈周期来加强员工与上级的互动，日常对谈中的录音、笔记都能保存、上传到系统，点滴记录在案，作为未来绩效回顾的依据。

从全球范围来看，弱化绩效考核、弱化绩效级别标签越来越成为一种趋势，绩效考核逐渐被高频率和高质量的工作反馈所替代。也许，绩效管理的最佳状态就是做到员工和主管双方对最终结果不会感到惊讶。

第5章

违纪管理

违纪、失职与违法行为

对管理者而言，员工违纪虽十分常见，但处理的难度并不小。违纪解除不仅涉及员工的经济利益，而且直接影响职工的职业声誉。违纪处理容易产生员工与管理者的激烈对抗，是劳动争议的“重灾区”，有必要引起管理者的重视。

从概念角度，管理者应注意区分违纪、失职、不胜任和违法的区别和联系。

表 5-1 违纪、失职、不胜任与违法的区分

方案选择	违纪	失职	不胜任	违法
主观状态	明知故犯	疏忽大意或轻信能够避免	无故意	故意或过失
损害后果	损害后果并非必要条件	必须造成重大损害（解雇）	无要求	被追究刑事责任可解雇

案 例

员工乘坐黑车上班能否认定违纪?

张某于2007年11月5日进入某公司，担任设备维护工程师。公司于2008年9月8日召开职工代表大会，通过“不允许乘坐黑车，违者以开除论处”的决议。2009年4月13日上午，张某乘坐牌照苏E8×××× 车辆（无营运资格）前往公司宿舍区。2009年4月20日，公司以张某乘坐非法营运车辆为由与张某解除劳动合同，引发诉讼。

案件审理过程中，张某主张即使自己乘坐黑车属于违法行为，也不该由公司管理。公司认为，公司之所以出台禁止乘坐黑车上下班的制度，一方面是为了保障员工安全，另一方面则是乘坐黑车容易引发交通事故进而导致企业的工伤事故风险，事关公司利益。并且，相关制度已经过法定程序制定，张某曾签字确认，对其本人应具有约束力。

解　析

通常，劳动关系中，用人单位可制定规章制度对员工履行劳动合同过程中的行为进行约束，但规章制度的制定并非毫无边界，如果与劳动合同履行无关，则势必属于越权设定义务，既不公平也不合理。本案中，员工乘坐何种交通工具上下班应属于员工私权范畴，公司就此设定义务难以作为违纪处分的依据。

本案一审法院审理后认为，用人单位的规章制度是用人单位制定的组织劳动过程和进行劳动管理的规则和制度，也称为企业内部劳动规则。规章制度既要符合法律、法规的规定，也要合理。被告公司有权通过制定规章制度进行正常生产经营活动的管理，对劳动者在劳动过程以及劳动管理范畴以外的行为，用人单位宜进行倡导性规定，对遵守规定的员工可给予奖励，但不宜进行禁止性规定，更不能对违反此规定的员工进行惩罚。公司以乘坐非法营运车辆存在潜在工伤风险为由，规定员工不允许乘坐黑车，违反者开除，该规定已超出企业内部劳动规则的范畴，且乘坐非法营运车辆的行为应由行政机关依据法律或法规进行管理，用人单位无权对该行为进行处理。工伤认定系行政行为，工伤赔偿责任是用人单位应承担的法定责任，公司通过规章制度的设置来排除工伤责任，没有法律依据，因此亦属无效规定。故公司不得依据该规定对员工进行处理，公司以张某乘坐非法营运车辆为由解除劳动合同违反《劳动合同法》的规定，损害了劳动者的合法权益，依法应当向张某支付赔偿金。

因此，管理者对员工违纪行为的认定需要考虑“违纪”本身的概念，注意区分相关概念的内涵和外延。

一、违法行为与违纪行为的区别

员工存在违法行为是指员工在劳动合同履行期间因工作或非工作原因触犯行政法规和刑事法律的行为，如果员工的违法行为触犯刑事法律且被追究刑事责任，按照《劳动合同法》的规定，用人单位可以员工被追究刑事责任为由解除劳动合同，无须按照违纪解除处理。

但若员工因为交通违章、打架斗殴、嫖娼、吸毒等被处治安拘留、罚款等，系触犯行政法规的不当行为，对该行为能否进行违纪处理呢？笔者认为以下几种情况，在规章制度明确的情况下可按违纪处理。

1. 员工的行为发生在工作时间/工作地点或者履行职务过程中，行为不仅涉及违法，也直接触犯了公司规章制度。比如，员工在工作时间与他人发生争执进而发生斗殴，后被治安拘留。员工的行为不仅违法，而且破坏了公司的现场秩序，可实施纪律惩戒。再如，员工将商业秘密转发给第三人被工商部门罚款，该行为直接损害了公司利益，被行政处罚不影响公司实施纪律惩戒。

2. 员工的行为虽然与职务行为无关，或者也并非发生在工作时间和工作地点，但其行为直接影响本人劳动合同履行或者给公司声誉造成负面影响。比如，员工在周末嫖娼被治安拘留，其行为直接导致在一段时间内无法提供劳动，对其自身的劳动合同履行产生影响。再如，员工违反社会公德，被媒体大幅报道，导致公司声誉明显受损，此时按照违纪处理具有合理性和正当性，2020 年 3 月拜耳公司某外籍员工拒绝隔离外出跑步被解雇就是一个明显的例证。

假如员工的行为既非在工作时间或工作地点发生，也未对自身劳动合同履行产生影响，亦未损及用人单位利益，则不宜按照违纪处理。如员工周末驾驶车辆违章被吊扣驾驶证，虽存在违法行为，但并不影响劳动合同的继续履行，以严重违纪解除劳动合同有失公允。

二、失职行为与违纪行为的区别

一般认为，失职行为是员工因疏忽大意或轻信能够避免导致损害后果发生的情形，而违纪通常是明知故犯，两者的主观状态有所差别。但特殊情况下也存在联系，如员工因为疏忽大意违反了公司的业务流程，很多公司仍定义行为违纪给予书面警告处分，似乎法院也不因为“定性”问题轻易否定公司处罚的效力。

但是对于一些一次性行为导致解雇的案例，如员工作为门店保管人员失职导致店内物品遗失，公司若直接以严重违纪解除，则法院会仔细甄别行为的性质，有极大可能要求公司按照“严重失职解除”的要求证明“已经造成重大损害”，如果遗失物品价值有限，则公司将面临违法解除的后果。

因此，仅从操作角度来看，可以将一些程度较轻的失职行为转化为违纪行为，实施轻度的纪律处分，并按累计规则（如累计三次书面警告视为严重违纪）过渡到严重违纪处分。

三、不胜任与违纪行为的区别

通常，不胜任应指用人单位对员工一段时间的整体评价，与特定时间、特定地点发生的“行为”有所区别。员工主观上仍希望好好表现自我，但客观上其技能和产出未能达到岗位要求，故法律规定用人单位有实施培训和调岗的义务。如果用人单位将绩效问题转化为违纪问题进行处理，则很容易被司法机关否定。比如，某公司规定员工一季度销售业绩不达标的，给予一次警告，两次被警告则视为严重违纪，该等做法存在极大的法律风险。

另外，用人单位对员工进行绩效评价时也可考量员工“行为维度”的表现，如设置工作纪律考评项，当员工存在迟到早退情形时，该项得分可能为 0。上述将违纪行为纳入绩效评价的做法多可获得法院的支持。但仅从操作便捷性角度考虑，对违纪行为单独处理更具效率，因为违纪处理仅针对行为，而不论一段时间的结果。

违纪“调查取证”三步法

违纪处理乃至解雇，除概念上的区分外，还需重点把握一个问题，即“如何获得证据”，在违纪处理实践中，员工否认违纪行为十分常见，管理者在日常工作中如不能获得证明违纪行为的相关证据，最终结果是“哑巴吃黄连——有苦说不出”。

案 例

无考勤打卡记录能否认定旷工？

周某在某公司从事模具工程师工作，合同约定执行标准工时制。HR 部门提供的周某的考勤记录与就餐记录显示，2012 年 11 月 30 日、12 月 10 日、12 月 19 日、12 月 20 日、12 月 25 日至 28 日，2013 年 1 月 9 日、1 月 16 日至 18 日、1 月 21 日、1 月 24 日、1 月 30 日、2 月 1 日、2 月 16 日、2 月 18 日，周某没有任何考勤打卡记录，亦没有午餐打卡记录。2013 年 2 月 21 日下午 3 时 28 分，直属上级唐某给周某发邮件要求其解释考勤异常原因，周某对邮件未予回复。2013 年 3 月 11 日，唐某向 HR 部门发起解除程序，同日公司向周某发出解除劳动合同通知，记载：“你于 2012 年 11 月到 2013 年 1 月多天没有任何考勤打卡记录，此行为已严重违反公司《员工行为管理条例》，公司决定解除与你的劳动合同。”后周某申请仲裁，要求公司支付违法解除赔偿金。

经查，2012 年 11 月—2013 年 1 月，周某的工资正常发放。公司的《员工行为管理条例》第 1.1.1 条关于“违纪行为”规定，不按照公司要求考勤，每月达到两次，属轻度违纪。第 1.2.1 条规定，员工如有轻度违纪行为，公司一般予以口头警告处分。第 1.1.2 条关于“中度违纪”规定，不按照公司要求考勤，每月累计达三次，属中度违纪。第 1.2.2 条规定，员工如有中度违纪行为，公司一般予以书面警告之处分。第 1.1.3 条关于“严重违纪”规定，一个月内旷工满两天或半年内累计旷工达三天，或不按照公司要求考勤，半年内累计达六次，属于严重违纪。

案件审理过程中，周某提出其个人并不存在旷工行为，每日正常出勤，公司也正常支付薪水，不清楚为何考勤记录无记载，可能公司考勤系统有问题没刷上，另外，上级也从未与本人进行面对面沟通。至于邮件，其本人工作忙碌未能及时查收阅看，但后期公司也未跟进。公司则主张，即使按照不考勤的规定，六次也达到了严重违纪的程度。

解　析

本案的争议焦点为公司提供的考勤记录、邮件发送记录是否足以证明周某存在严重违纪行为，争议焦点背后的关键是周某到底有无出勤？考虑用人单位单方解除需用人单位承担充分的举证责任，本案中周某执行标准工时制且实际执行考勤，标准工时制通常在核发工资前会核对考勤情况，这是多数用人单位的惯常做法，但在案证据显示公司正常支付了周某 2012 年 11 月至 2013 年 1 月的工资，可见公司的考勤记录与薪资发放记录并不吻合，证据之间存在相左之处，仅凭考勤记录不足以证明员工旷工。至于用餐记录，员工未于食堂用餐并不足以证明员工未提供劳动，两者之间并无必然关联。直属上级唐某虽曾通过发送邮件要求周某解释，但在周某未予回应的情况下也并未进一步进行沟通，故邮件发送记录仅能证明周某曾被给予邮件解释的机会，但与旷工认定仍不能画等号。故综合上述因素，不足以认定员工存在旷工行为，公司并未完成相应的举证责任。法院在判决中指明，发现员工旷工绝非考勤这一种方式，尚可以通过安排工作等多种方式发现员工旷工并及时处理。

此外，公司主张即使不能认定旷工，周某不考勤也足以认定严重违纪。但结合公司制度来看，每月不考勤两次给予口头警告，三次给予书面警告，假使行为成立，直属上级也未对周某的行为按照规章制度规定的递进式处理结构进行处理，违背公司的处理方式，亦难以认定严重违纪。

从上述案例可见，对员工违纪行为的证据固定至关重要，并且“提供证据”并不代表“完成了举证责任”，管理者需要在多个方面对违纪行为进行证据固定。

一、对违纪行为做出反应的及时性

很多管理者认为，只要员工的违纪证据确凿无疑，今天处理和明天处理没多大差别。实际上，管理者及时对员工的违纪行为做出恰当的反应，是取得证据的关键手段。如前述案例中周某在 2012 年 11 月就出现旷工行为，如果管理者能够立即寻找员工面谈并要求解释，同时要求 HR 部门停发其缺勤期间的工资，此时相关的面谈记录、考勤记录、薪资发放记录则容易形成“证据链”，共同指向员工存在旷工行为。

相反，如果管理者对员工的不当行为缺乏监督，或者长时间未作处置，反而被员工解读为公司纵容该类行为，“为何之前没处理而现在要处理？”在面对管理者的问话时，员工也可能主张“时间太久不记得了”“当时怎么没说”，极大地增加了企业的举证成本，给公司带来较大的风险。

因此，及时对员工的不当行为进行取证，有利于获得更多的线索，更有利于证据固定。如员工打架，如果当天安排询问，获得的信息一定比一周后进行调查有用得多。

二、对违纪行为做出反应的全面性

员工的不当行为发生之后，管理者所采取的措施均可能留下相应的痕迹，不同的管理手段则可能留下不同的痕迹，单一的管理手段则留下单一的痕迹。

以员工在工作场所打架为例，管理者对现场员工进行调查，制作调查笔录，然后直接开除打架员工。发生争议之后，公司会发现仅有的证据是“证人证言”，虽然公司也可以申请证人出庭作证，共同指证违纪员工存在肢体冲突行为，但违纪员工在庭审中可能坚称只是发生了争执，在肢体接触前就被人劝住，至于公司出示的调查笔录均系“证人证言”范畴，证人是公司的员工，与公司有利害关系，不能作为认定事实的依据。法院审理则认为虽公司提供了证人证言，但未提供任何其他证据加以印证，仅凭该“孤立的证据”不足以证明员工存在斗殴行为。

事发当日管理者除采集证人证言外，还应采取以下管理措施：

1. 报警；

2. 送受伤员工前往医院诊疗；

3. 与涉事员工进行面谈，要求解释说明。

上述三组反应将分别形成“出警记录”“病历记录”“员工本人的面谈记录”，如上述证据再与“证人证言”相结合，被法院采信的概率更大。故管理者发现员工存在不当行为，宜采取多个反应并留存多方面证据。

三、对违纪行为反应的痕迹意识

仍以前述员工打架为例，假如管理者在事发后立即进行调查，与现场员工进行了沟通，同时也找到涉事员工进行了沟通，涉事员工甚至对发生冲突的经过供认不讳，但管理者相关的沟通、调查均是以口头方式进行，在采取解雇措施后，员工否认之前曾承认存在严重违纪事实，此时管理者的工作并无客观证据留存，最终可能导致败诉。

因此，管理者对员工不当行为做出反应，应当通过书面、邮件等有痕迹的方式进行，如果员工拒签面谈记录，亦可将面谈记录通过邮件发送给员工本人，以示对其“拒签行为”曾做出合理反应，形成新的证据。为了避免有些沟通方式存在障碍，管理者可以“多管齐下”，形成多份沟通证据。以员工缺勤为例，除了电话沟通，管理者还可以通过微信、短信、邮件、快递四种方式催告员工上班，事后发生争议时员工否认收到信件也无法成立。

表 5-2 对常见违纪行为的管理措施

常见违纪行为	对应管理措施
迟到早退	与员工面谈，要求员工解释； 按照制度及时做出处分； 如涉及薪资调整的，及时通知 HR
旷工	与员工电话联系询问原因； 书面、邮件催告员工上班，并告知缺勤后果； 立即通知 HR 暂缓发放缺勤期间工资
不服从工作安排	通过邮件、书面方式送达工作指令，明确工作要求、完成时限； 在截止时间达到时，通过面谈、邮件等方式要求员工做出合理解释； 对不服从工作安排的行为申请实施纪律处分
消极怠工	通过邮件、书面方式提出明确的绩效要求； 与员工面谈，要求解释其未能正确履行工作职责的原因； 对工作重新布置，安排其他人员顶替其工作
打架斗殴	报警； 对事发经过进行录音录像； 要求受害者前往医院就诊； 与涉事员工进行面谈，了解冲突发生的原因、经过
员工违反作业流程	对部门员工立即安排培训，预防类似问题产生； 与涉事员工面谈，要求提交改进计划； 要求相关部门（如质量事故部门）进行损失评估
员工通过微信朋友圈发布负面言论	对微信朋友圈内容进行录像； 电话要求员工删除不实内容； 与员工面谈，了解员工的想法和情绪； 对不当行为做出纪律处分

违纪严重与否的评价

员工不当行为通过多渠道查证后，究竟如何处理还有赖于公司制度的规定和员工行为的具体情节和性质，如涉及提前解除劳动合同的，则必须证实员工的违纪行为已达到“严重”的程度。

案 例

旷工一天能否认定严重违纪？

某公司系生产企业，生产线包含七道工序，依次分别为组装、钎焊、接线、总装、注液、测试、总检。2014 年 12 月 3 日至 4 日，包括郭某在内的 11 名钎焊工集体向公司提出调休申请，公司不予批准。2014 年 12 月 4 日，郭某等 11 名钎焊工均未上班。当日，公司的该条生产线停产。2014 年 12 月 9 日，公司向郭某发送了解除劳动合同通知书。

经查，公司《员工手册》明确规定，“违纪辞退适用于下列情形……连续旷工一天，或一个月内累计旷工两天……”该《员工手册》上有郭某的签名。后郭某申请仲裁要求公司支付违法解除劳动合同的赔偿金。

案件审理过程中，郭某称自己只是一天没上班不足以构成严重违纪，公司亦未能充分举证具体经济损失。

解 析

本案的争议焦点在于公司规章制度规定的旷工一天视为严重违纪的规定是否有效，本案能否认定员工存在严重违纪？

首先，从制度规定角度，公司系生产制造企业，生产流水线作业如有员工旷工极易导致停产乃至生产安全事故，旷工的危害性远非一般服务型企业可比，对公司利益乃至其他员工利益的潜在负面影响不能低估，故不能因规定旷工一天即可解除劳动合同而否定相关制度内容的合理性。

其次，对员工违纪是否严重的判断。除了规章制度的明文规定，郭某及其他员工的旷工行为在本案中已产生实际影响，客观导致公司停产，虽公司无法充分证明具体经济损失的大小，但并不能因此就否认客观损失的存在，本案并非财产损害赔偿纠纷，法院无须以确定具体经济损失作为认定案件的前提（实际上本案在仲裁阶段就以公司无法证明经济损失判决员工胜诉）；并且，员工集体旷工并非个别员工旷工行为的简单叠加，而是就共同行为产生的负面后果共同承担责任。本案法院最终认定公司系合法解除劳动合同。

假如上述案例仅郭某一人无故缺勤一天，且未导致其他损害后果，笔者认为仅凭制度规定就认定员工存在严重违纪仍存在较大的法律风险。在管理者实际参与员工不当行为评估时，可从以下角度进行分析评判。

一、区分程序类和实体类不当行为

员工的不当行为有些是在具体执行程序上存在瑕疵，有些则本就不应该发生。比如，员工根本没到办公室上班属于“实体问题”，但如果员工上班了只是没打卡，则显然属于“程序问题”。对于程序类行为不当，公司负有更多的容忍义务，一般要给予员工改正机会，循序渐进地推进违纪处分，不宜直接解除劳动合同。

相反，如果员工出现实体类不当行为，公司可给予员工相应的解释机会，如员工提供虚假的病假条而非迟交病假资料，且员工不能做出合理解释，则公司可直接援引规章制度做出解雇处理。

二、区分日常管理类和职业道德类不当行为

员工的不当行为，一类是在管理者推进管理过程中较常遇到的，包括迟到早退、擅离职守、旷工、消极怠工、不服从管理、未遵守公司的请假制度、未能遵循公司的业务规范等。该类不当行为要求管理者承担更多的管理职责，包括及时提醒、纠正乃至循序渐进地实施处分，要认定该等行为构成严重的程度，需要发生数次不当行为且经提醒未改善，或者虽然只有一次不当行为，但给公司直接造成较大经济损失或负面影响，如公司安排员工接送客户，员工拒绝执行导致客户取消合作等。

通常，涉及日常管理类的不当行为，要求管理者承担及时管理的义务，对于时间较为久远的不当行为，通常不执行“追溯处分”。

另一类是员工从事一些违反基本诚信原则和职业道德的行为，如盗窃、诈骗、性骚扰、商业贿赂、虚假报销、虚造学历、泄露公司商业秘密、利用职务之便损害公司利益或谋取私利、打架斗殴等，这些行为是员工本应知晓须尽力避免的行为，管理者也不太可能在此方面投入更多的管理资源，故上述行为发生之后，在认定是否严重的问题上，则较少考虑有无给员工改正机会、是否给公司造成直接损失等因素。甚至，对于一些若干年后发现的该类不当行为，法院仍支持以严重违纪为由解除劳动合同。

三、考虑企业生产经营特点和员工岗位特殊性

在认定严重与否的问题上，企业的经营情况、所宣导的价值观、劳动者自身担任岗位的特殊性等也是重要的考量因素。

比如，一家加油站禁止员工抽烟，即使发现在厕所抽烟也按严重违纪处理；一家食品生产企业严格禁止修改食品保质期；一家汽车制造企业要求员工进入作业区必须进行“静电防护测试”，否则按严重违纪处理。上述关于严重违纪的规定对一些普通企业而言是过于严苛的，但是结合企业自身特点，为了预防更大风险、保障其他员工利益、公共安全或消费者利益，这些规定又具有合理性。当然，管理者宜结合业务特点，对员工不当行为做出合理区分，对于自认为较为严重的不当行为，宜承担起教育培训的职责。

此外，员工所从事岗位的差异性也将导致对同样的行为判断标准迥异。比如，财务人员参与虚假报销，其严重程度自然与普通员工有所区别。高级管理人员在职期间为与本公司存在竞争关系的公司提供服务，其危害后果显然更甚于普通劳动者。相反，如果一线操作工对直属上级骂了一句“神经病”，公司就要以严重违纪处理，可能难以得到法院的认同。

管理者应当知晓，劳动争议发生后，人民法院存在自由裁量空间，即判断一项不当行为是否已经达到了可以解除劳动合同的程度。

违纪处理的三大误区

违纪处理不仅涉及员工的利益，更关乎劳动者的职业声誉，有必要引起管理者的高度重视。管理者在实际处理违纪行为时，不仅要关注员工是否违纪，还要了解违纪发生的原因，给予员工更多的体恤和包容。

案　例

德国上司对迟到员工处理的建议

某德资企业的中国区负责人离职，大中华区派来一位德国上司兼管该公司中国某个分部，这位德国上司给自己起了一个很诗意的中文名叫“邓飞克”。某一天邓飞克先生把人事部经理Linda叫去他的办公室，指着工资报表一栏问：“请你告诉我，我们支付员工的工资为什么有扣款一项？”Linda原本以为自己粗心算错了某个数据被邓飞克发现了，心里有些敲小鼓，一听这话即刻轻松了起来，那一栏是扣款事项，其中主要是缺勤扣款。Linda很自信，因为谈起规章可难不倒她，她告诉邓飞克：“先生，是这样，根据分部规定，员工上班迟到是要被罚款的。根据迟到时间，罚款的数额不同，迟到时间越长罚的金额越多，迟到超过半小时就按缺勤半天计算。”很意外地，Linda发现邓飞克先生常有的微笑不见了。Linda想：我执行的是规定，正常极了，这有什么问题吗？

“Linda，我读过公司的《员工手册》，并没有发现关于迟到罚款的条款，我们与员工的合约里也没有这样的条款！”邓飞克质疑道。

“邓飞克先生，这是分部自己制定的考勤管理制度。当然，也是从上海分部那儿拷贝来的，稍加修改。”Linda回答说。

邓飞克先生的脸色严肃极了，甚至有了一丝愤怒，他提高了嗓门儿说：“难道总部授权分部自己做规章制度了吗？我在公司十几年了，包括德国，没有一家分部得到过这样的授权！”

一时间，Linda有些晕。这样的规定不是为了有效的公司管理吗？大中华区的各分部有各种各样的规章制度，什么时候听说过分部制定一个自己所在地的制度还要报告德国总部的？Linda给邓飞克耐心解释了制定这些规定的初衷，以及这也是上一任总经理批准的，现实中并没有任何人对其合理性、正当性提出质疑。可是这位德国上司坚持认为分部超越了权限，除总部的规定外，分部没有权利发布任何规定，而且还表示薪水标准是公司与员工签订的契约，怎么可以随便扣钱，这是违法的。他根本不听Linda的解释，坚决要求立即废止该规定，并且举一反三，要求Linda回去清理一下是否还有其他规章制度，凡是不在《员工手册》之内的，列出清单，签字通知全分部立即停止这种违规行为，取消执行！

Linda哭笑不得，但一时又没有更好的办法说服他，更不能违抗命令。她想：好吧，邓飞克先生，这是你们德国人的公司，您认为怎样就怎样好了！小题大做，不可理喻！生气归生气，Linda只能回去修改工资表。正修改时，邓飞克又打来电话："你说的员工迟到是不能允许的，我们要制止这种事情的发生！"

Linda一头雾水，嗬，不是不让罚款吗？Linda就反问这位德国上司："他迟到既成事实，我怎么制止？用什么制止？您认为应该怎样让员工不迟到呢？"她甚至有一些看热闹的感觉，看看这位德国上司能有什么高招，不扣款还能让人不迟到。

随后，邓飞克先生给Linda发了一封邮件，提出关于员工迟到解决办法的几项建议：

一、员工初次迟到，由他的部门主管和他谈话，了解迟到原因，如果是可以理解的客观原因而非员工主观愿意，那么，请他计算出从他的家到公司至少需要的路程时间，包括那些可能导致他迟到的情形在内，确保不再发生迟到。

二、员工再次迟到，由分管部门的分部副总与他谈话，听其陈述理由。若属借口，应严肃指出已经不存在可迟到的因素。若属意外，可给予善意提醒。

三、员工第三次迟到，由人事部经理与他谈话，指出他的行为已经违约，给予口头警告。

四、员工第四次迟到，由分部总经理与他谈话，给予最后一次改正机会，并通知他没有机会再一次迟到。

五、员工第五次迟到，表示其已经无可救药，直接解除雇佣合约。

正当Linda哭笑不得时，邓飞克先生发来了第二封邮件，内容如下（以下是引用片段）。

亲爱的Linda：

你作为人事部经理，应该了解公司承诺给员工的工资是受法律保护的。你没有权利扣罚员工受法律保护的劳动报酬。并且，你也不能违规代表公司错误行使你的权利，你的错误行为给公司带来了损害，造成公司在法律上的违法风险。此外，你应该理解员工迟到有两种可能。一是由于客观原因导致他们意外迟到，这是可以谅解的，不应该扣罚他们的工资，我们不是不讲理的公司，公司的价值观是尊重员工的。这，你是知道的。二是员工刻意迟到，这意味着员工没有履行他的职责，违背了合约承诺。这是必须向他指出来的，并且记录在案，给予警告。你应该明白的是，公司与员工的合约是严肃的并且受法律保护。双方的承诺通过约定的条款得以确定。员工同意这样的工作时间，就是一个承诺，员工不应该迟到，这是不可以被讨论和允许的。如果员工迟到就扣罚工资，意味着他可以用钱买回他的工作时间，而这些工作时间是他同意由公司支配并支付给他报酬的。那么，是否合约规定的双方承诺都可以用钱做交易呢？约定的事情就不可以改变，这是原则！如果你不能正确地理解并按照公司希望的方式工作，那么，你就是失职。

最良好的祝愿

邓飞克

读完这封邮件，Linda 没有笑，她沉思了。后来 Linda 的同事们也读了这封邮件，没有人再说话。

解　析

这个故事来自网上的一副帖文，其中涉及的管理问题很值得深思。员工迟到是最常见也是发生最频繁的不当行为之一，有些管理者听之任之不作任何处理，有些管理者（特别是刚到任的新主管）往往严格执行“家法家规”，对违反企业规章的行为一律从严处理“以示公正”，这些简单的处理方式并不能真正树立管理者的权威。实际上，员工迟到的原因有很多，有些是员工家里突然发生紧急事务导致不可避免的迟到，有些则是员工对公司“考勤文化”的不认可，有些是员工心里嘀咕着“其他人都迟到，为何我不能”“我免费加班都不计较，凭什么要处理我迟到”，有些则是因为对现在的岗位不满意，对上级的管理方式不满，在出勤上懈怠也就理所当然。

对于各种原因导致的迟到，管理者应分类处理，有些涉及规章制度的更新，有些涉及对准时出勤必要性的集体重申，有些则需要与员工一对一进行沟通，如果能找出员工迟到的真正原因，问题也就迎刃而解了。通常，对于不可避免的迟到（如送小孩看病），管理者宜给予谅解、帮助和人文关怀；对于可以避免的缺勤，则分层次处理，初次予以告诫、劝勉（不实施处分）；再犯的，沟通后无合理理由则依规处理。

当然，即使管理者需要实施纪律处分，仍然需要遵循一定的程序和规则，避免与公司内部规则以及法律规定相抵触，确保管理决策的有效性。

案 例

一次发送两张违纪单能否认定严重违纪？

翟某于2008年1月15日入职某商业公司从事防损工作。2018年6月24日，商业公司以严重违反规章制度为由通知翟某解除劳动合同，同时送达了违纪单，理由为翟某一年内存在两次二级违纪行为（2018年5月30日、6月1日、6月2日在工作期间离开工作岗位，每次离开两小时给予二级违纪、二级警告处分；2018年6月3日在工作期间离开岗位，在停车场车内睡觉，被店长巡店时发现，构成二级违纪）。后翟某不服，申请仲裁。

经查，商业公司《员工手册》第四条规定，以下行为构成二级违纪行为（即较重违纪行为）……4.1.3.1 无视上级安排，故意消极怠工……第五条规定，以下行为构成三级违纪行为（即严重违纪行为）……5.1.6.7 1年内，犯有两次二级违纪行为者……

庭审中，翟某认可自己确实有离岗的情况，但离岗有些是因为个人上厕所等生理原因，有些是临近吃饭时间，也有其他外包人员顶替在岗，未给公司造成任何负面影响，公司直接开具两张二级违纪单解除劳动合同显然是恶意为之。

解 析

本案中，翟某未履行准假手续擅自离岗确有不妥，但公司对员工若干次的违纪行为直接发送两张二级违纪单，管理者未尽提醒之责，解除程序上存在明显瑕疵。法院在判决书中作了如下记载：双方对于《员工手册》的制定及告知程序并无异议。且不论2018年5月30日、6月1日、6月2日翟某在工作期间离开岗位是否属于消极怠工，要指出的是上述行为系连续三天发生，即使翟某的确存在消极怠工的情况，商业公司就该行为行使处罚权也应该及时明确告知处罚决定，让劳动者对其行为有所评判，也对其之后的行为有所纠正，对行为的结果有所预知，但本案中两次处罚决定是在商业公司行使劳动合同解除权时一并向翟某进行告知的，显然存在不妥。

结合上述案例，在证据确凿的前提下，管理者如对员工实施纪律处分，应避免如下误区。

一、前过后罚

所谓前过后罚，是指对于发生时间距今间隔较长的不当行为，管理者彼时未及时进行处理，事后再试图进行处罚，假如该行为系日常管理类不当行为，则该种处分方式很难通过司法审查。特别是有些管理者将之前发生的若干次不当行为集中执行前过后罚，如将 2019 年 3 月一次迟到、2019 年 5 月一次消极怠工、2019 年 8 月一次不服从工作安排一并作为纪律处分的依据，该等处理从员工视角有“秋后算账”之嫌，极难被法院认可。

避免前过后罚，要求管理者及时、循序渐进地处理员工的不当行为。

二、轻过重罚

所谓轻过重罚，是指对于一类不当行为存在两种可能的处理方式，管理者适用从重原则进行制度适用，如规章制度规定，员工不服从工作安排的视情节轻重给予书面警告或解除劳动合同处理。某员工确实存在一次未能在指定时间提交工作报告的行为，管理者直接套用严重违纪条款对员工解除劳动合同，管理者认为其有权解释制度条款并行使“自由裁量权”。殊不知在司法实践中，如果员工的行为同时触及多项纪律处分，或者有选择适用纪律处分的空间，法院一般会按照有利于劳动者的角度进行适用。

要避免轻过重罚，管理者需要严格对照制度进行纪律处分，并考量具体情节、损害后果，同时按照对员工有利的角度做出纪律处分。

三、双重处罚

“一事不二罚”是法律的基本原理，用人单位或管理者对员工实施纪律处分也应严格遵循。

所谓“一事不二罚”是指对同一行为不得做出两种性质相同的处分。企业内部的处分大体可分为经济性处罚（如罚款、扣发奖金等）和非经济性处罚（如警告、记过、通报批评、解雇等），如果对员工的不当行为实施经济性处罚和非经济性处罚相结合的措施，如对于迟到不仅扣发全勤奖，而且给予口头警告，则一般不认为违反“双重处罚”的规定。但如果员工不执行上级要求的改进计划被直属上级实施记过处分，事后由于员工拒绝签字确认，管理者升级处罚，直接向员工寄送了《严重违纪解除劳动合同通知书》。由于记过和解雇同属于经济性处罚，管理者的做法直接违反了“一事不二罚”原则。

要避免“一事二罚”，管理者在实施纪律处分前应审慎考虑，一旦做出决定就不宜更改。另外，对于员工拒绝签署违纪单的行为，不宜按违纪行为处理。因纪律处分不以员工签字为生效条件，员工亦有表达异议的权利。

管理者常遇到的四种违纪行为

在员工违反公司制度的情况下，并非所有情形都是由管理者来亲自处理的，有些涉及利益冲突、商业贿赂、欺诈、虚假报销等的事件往往由公司合规部门主导，管理者只需做好配合调查的工作。但是在员工与管理者工作互动领域产生的违纪行为，则势必需要管理者亲力亲为，在工作中解决违纪问题。

其中，对于高频发生的违纪行为，管理者应当注意处理的步骤和方法。

一、员工旷工

旷工是最常见的违纪行为之一，但是对其概念则需要加以准确理解。有些管理者认为，旷工是指员工未到公司提供劳动且未办理准假手续的情形，有些管理者则把缺失考勤记录认定为旷工，这些理解均失之偏颇。

所谓旷工，是指员工未按劳动合同约定提供劳动的情形，构成了对劳动合同的根本违约，故而有必要采取纪律惩戒。但针对不同的岗位，员工提供劳动的方式、场所、内容差异较大，如有些销售人员，长期外勤拜访客户，如仅以未到工作场所就认定旷工，显然有失公允。而缺失考勤记录的原因有很多，如忘记打卡、考勤机存在故障、员工出差等，仅凭考勤记录认定旷工亦可能导致“错判”，故而对旷工的判定应当结合岗位特点、公司对员工执行的工时制度等综合判断。

在员工确实存在缺勤又无请假记录的情况下，管理者应当及时做出处理。有些管理者在员工缺勤后未作任何联络，或者虽有电话联络但无任何痕迹可寻，或者在员工缺勤的情况下未通知人力资源部减发工资，嗣后以旷工解雇。多数情况下，法院会以管理者未尽沟通义务或无法举证为由判决公司败诉。故而在员工缺勤的情况下，管理者应当及时通过邮件、短信、书面、快递等方式联络员工并保留证据，同时在企业内部及时通告人力部门准确处理员工的薪资问题。

另外，从制度建设角度来看，对于一些特殊的部门和岗位，管理者宜从部门运作角度制定旷工的定义标准，因为人力部门牵头制定的《员工手册》往往仅规定旷工多少日可以解除劳动合同，但并未规定旷工的具体操作性定义。如医药公司的医药代表，其每日通过 IPAD 的访问记录作为提供劳动的凭证，如果不进一步规定“无正当理由缺失访问记录属于旷工”，则在事后发生争议的情况，员工可能提供一些电子邮件接发记录来证明其已提供劳动、不存在旷工的事实；再如一些外勤人员以“在家办公”“外出办事”来主张不存在旷工事实，如果部门进一步规定在家办公、外出拜访客户需要事先审批或备案，则员工的上述主张难以成立。因此，部门的相关制度规定对于界定旷工行为意义甚大，有必要引起重视。

员工缺勤通知（示范）

×××：

经核实，你于 2020 年 × 月 × 日至 2020 年 × 月 × 日处于缺勤状态，且未办理任何请假手续。请自收到本通知之日起两日内提交于上述期间存在请假障碍的证明材料，如逾期未提交或者提交的材料无法被公司接受，上述期间将按旷工处理，请及时回复。

二、员工不服从管理指示

在业务开展过程中，管理者向员工发出指示十分常见，如工作布置、面谈、工作交接、会议、调查、提交工作报告等。多数情况下，员工会配合管理者的需求或指令，但也有例外情况。如果员工以相关安排不合理或者其他理由拒不服从，此时管理者如何有效沟通十分重要，一方面要尽可能通过沟通化解矛盾，另一方面还需要兼顾法律风险。

在员工不服从工作指令的情况下，往往带有较大的情绪冲突。管理者应与员工开展面谈，了解相关事实，而不是直接打电话、发邮件要求解释，毕竟在面谈过程中管理者可以采集更多的情绪信息，做出更准确的判断。对于员工解释的各种理由，管理者需要根据不同的情况做出处理，如果员工主张公司同工不同酬，则管理者有义务纠正员工的错误认识，告知同工同酬并非同岗同酬，即使是同一岗位，因为工作年限、经验、绩效产出的原因均可能存在薪资差异，继而要求其正常履行工作职责、服从工作安排；如果员工主张管理者本人对其存在偏见，管理者又无法通过对话消除误解，则可以告知员工公司的沟通申诉程序，引导员工通过合理方式解决；如果员工主张系身体原因，则管理者可以建议员工通过诊断等方式解决。

在认定员工不服从工作指示的过程中，管理者常存在如下问题：一是相关的指示未能说明原因，包括完成的截止时间，导致员工事后以不清楚、不了解何时完成等进行辩解；二是相关的指示以电话、口头、会议等方式进行，亦无邮件、书面等方式跟进，事后员工主张不记得、不清楚等；三是在员工未予执行指令时，未进行有效沟通，直接做出纪律处分，导致双方矛盾激化。

未完成工作通知（示范）

×××：

经核实，我于 2020 年 × 月 × 日安排你本周五下班前提交本周工作报告和下周工作计划，你收到后未提出异议，此后你也未报告完成上述工作有任何困难，故我相信你能够按时完成。但截至今日我仍未收到你的工作报告，你应于今日下班前陈述相应的原因，给予合理解释。如无正当理由未完成工作报告，公司可按规章制度进行处理，故请务必回复。

三、员工消极怠工

一方面，消极怠工与旷工、不服从管理不同，员工消极怠工的认定较为复杂，因多数情况下员工仍然完成了部分工作，而并非无任何绩效产出。另一方面，消极怠工与员工不胜任也有区别，不胜任时系员工客观能力不足导致绩效产出低下，而消极怠工则往往是员工主观原因导致其未能达到绩效目标。

要认定员工是否存在消极怠工，管理者需要做到更精细化的管理。首先，管理者下达工作任务时应有更明确的绩效要求，如安排客服岗接听电话是较为笼统的安排，但要求客服岗每日接听不少于 50 通电话，则属于较明确的要求；又如安排生产岗位员工加液，明确要求给 70 台设备加液更利于事后沟通与判断。其次，在员工发生消极怠工情况后，管理者需要和员工进行面谈沟通并做好相应的记录。尤为重要的是，管理者要记录员工提出的理由，如为何过去一天能够生产十个零部件，今日只有三个？员工可能回答：领导对我不公平，为什么别人排三个班，我只有一个班？员工所有的抱怨和诉求都需要由管理者进行记录，有些也间接反映管理者的工作管理存在其他问题，虽然不能以管理上的问题来免除员工的违纪责任，但管理者仍然需要解决员工的合理诉求。显然，采集员工的辩解，更容易印证员工是否存在消极怠工行为。再次，在消极怠工行为发生后，管理者需要及时做出处理，而不是放任不管。管理者需要提醒员工端正工作态度，对于合理的诉求公司会妥善解决，但不能因此不正确履行工作职责，如经提醒仍未改善，则需要按照制度实施纪律处分。最后，如果员工的绩效产出对组织产生负面影响，管理者还需要采取补救措施，如安排其他人顶班等，降低对部门的负面影响，也进一步印证员工的不当行为所产生的危害。

消极怠工面谈问话提纲（示范）

×××：

1. 请陈述一下你的工作岗位，具体的工作职责有哪些？

2. 过去一周，根据我下达的工作计划，你每天需要检验十台设备，这样的工作安排有没有问题？

3. 但实际你只完成三台，请陈述具体原因有哪些？

4. 接下来你是否能够按时完成工作任务？理由有哪些？

四、员工过激维权

员工与管理者在工作中出现争执、摩擦较为常见，有些员工出于对管理者管理方式的不满，可能采取过激行为，包括滞留管理者办公室、群发邮件、在公司公示栏张贴申诉信、辱骂管理人员、在微信群/朋友圈发表过激言论、威胁自残自杀等。这些行为或扰乱公司秩序，或损害第三人的合法权益，有必要及时介入处理。

首先，应当指出的是，员工过激行为有一大部分原因/情况与管理者未能正确履行工作职责、未尽沟通义务密切相关，过激维权往往与暴力管理相生相随。比如，员工对绩效考核结果不满，并向管理者提出申诉，但管理者未予理睬，故而员工通过向所有高管群发邮件的方式来表达诉求，试图引起公司的重视。虽然员工的行为欠妥，但管理者未能及时沟通也是诱因之一。故而，员工提出诉求或异议时，即使于法、于理都不能成立，管理者仍需进行当面的沟通和解释，避免矛盾升级。另外，企业应当建立完善的沟通和申诉渠道，将员工表达意见的方式纳入规范的程序中，如员工对管理者的做法不满，可以首先向管理者提出异议，管理者不能及时回应或者回应无法令员工满意的，员工可以向更高级别的管理者逐级申诉，如果企业内部的沟通渠道已经用尽，则员工可以通过合法的方式如申请仲裁或提起诉讼来解决争端。考虑到任何一家企业、任何一名管理者都无法确保每一个管理决策都完全合法、合情、合理，故在员工感受较差时，给予完善的沟通渠道是十分明智的做法。

其次，在员工已经发生过激行为的情况下，如果事关个体生命安全，如员工手持剪刀在总经理办公室，此时应提请警方介入处理，以免事态恶化。在员工提出诉求的情况下，可建议员工将诉求予以书面化并签名确认，如要求调岗，则要求书写理由、具体的岗位名称、工作职责等；如要求加薪，则书写加薪的幅度；如要求支付加班费，则要求书写加班费的支付时间段、标准、理由等。在员工提交书面诉求后，除口头沟通外，管理者可以以公司名义出具书面的回复意见，并告知对书面回复仍不接受的处理方式。

最后，员工过激行为发生时，除与员工本人进行沟通外，管理者还需要及时处理员工的不当行为，以免对其他员工造成不好的示范作用。即使公司的有些做法存在问题，也不能代表员工采取过激行为无须承担责任，对于违反公司申诉程序的行为，如果未造成较大负面影响或损失，通常给予书面警告、记过等非解雇类处分，并提示如继续实施则可能导致解雇处分。只有通过沟通了解员工的心结，同时依托制度对客观行为进行理性处理，才能最终有效解决员工的非理性行为。

第6章

工时及休假管理

灵活运用三种工时制度

工作时间是员工工作产出的基础，也与员工的薪资计算、绩效评价等密切相关，工作时间制度的灵活运用也是企业管理的重要组成部分。根据相关劳动法规，员工所执行的工时制度主要包括三种，分别为标准工时工作制、综合计算工时工作制、不定时工作制。不同工时制度涉及不同的管理方式、加班认定等，需要管理者有初步的了解和把握。

案　例

996工作制是否违反劳动法?

2019年3月27日，一个名为“996.ICU”的项目在GitHub（社交编程及代码托管网站）上传开。程序员们揭露“996.ICU”互联网公司，抵制互联网公司的996工作制度。所谓996是指每天上午9点上班，晚上9点下班，一周工作6天。

2019年4月11日，阿里巴巴创始人马云在内部交流中对员工谈及近期备受争议的996加班文化。马云称，“今天中国BAT（百度、阿里、腾讯）这些公司能够996，我认为是我们这些人修来的福报”。

2019年4月12日，马云在微博公开回应：任何公司不应该，也不能强制员工996。阿里巴巴从来也都提倡，认真生活，快乐工作！但是年轻人自己要明白，幸福是奋斗出来的！不为996辩护，但向奋斗者致敬！

2019年4月12日，京东创始人刘强东在微信朋友圈发表了题为《地板闹钟的故事》的文章，表达了对996的态度：“京东永远不会强制员工995或996，但是每一个京东人都必须具备拼搏精神！”

2019年4月12日，当当创始人李国庆则表示：“坚决反对996，一批老板倡导996，就是早9点到公司，晚9点离开公司，6天工作。我坚决反对。”

解 析

随着社会的快速发展，企业内的中高层管理人员、技术人员，甚至普通员工超时工作的情况十分常见，特别是很多知识型员工，其工作和休息时间有时难以区分，在休息时间也需要处理工作事务。工作和休息时间的界限越来越模糊，员工的工作时间实际远超法定标准已是不争的事实，即便没有 996 工作制的倡导，有些员工也实际处于 996 的状态甚至 007 的状态。

从劳动法的角度来说，如果企业强制推行 996 工作制，对于标准工时制度员工而言势必导致大量的加班，不仅触犯劳动法，而且大幅增加企业用工成本，得不偿失，员工的效率也未必能有保证。但如果企业只是就 996 工作制提出倡导，以鼓励员工突破自我、积极奋斗的精神，笔者认为尚不能认定企业违反了相关法律规定。

对管理者而言，思考如何激励员工产出更大的绩效是更为急迫的问题，简单延长工作时间未必是最优解。996 工时制背后仍然是众多企业家和管理者缺乏有效的绩效管理，如果管理者执行的管理方式与员工期待的方式甚远，那么势必难以达成长期的共赢。

管理者在工时制度的运用和管理中容易出现以下误区。

一、未了解不同工时制的特点和适用人群

根据相关法规，标准工时工作制是指员工每天工作 8 小时，每周工作不超过 40 小时，每周确保休息一日的工时制度。如每天工作超过 8 小时或者每周超过 40 小时则可能导致存在延时加班或休息日加班事实。如果企业执行“做六休一”，但员工每天只工作 6.5 小时，由于累计工作时间不足 40 小时且员工每周休息一日，故仍不存在加班。标准工时工作制推定员工适用，除非公司明确执行其他工时制度。

综合计算工时工作制是针对因工作性质特殊，需连续作业或受季节及自然条件限制的企业部分职工，采用以周、月、季、年等为周期综合计算工作时间的一种工时制度，但其平均日工作时间和平均周工作时间应与法定标准工作时间基本相同。与标准工时工作制不同，综合计算工时工作制不考虑员工每天工作时间是否超过 8 小时，而是以一段时间内的工时总数来判定是否存在加班。也就是说，在综合计算周期内，某一具体日（或周）的实际工作时间可以超过 8 小时（或 40 小时），但综合计算周期内的总实际工作时间不应超过总法定标准工作时间，超过部分应视为延长工作时间。如月度综合工时

制，每月度工时总数超过 167 小时（20.83 天 ×8 小时）后才计算延时加班。

综合工时制主要适用于生产作业任务不均衡的岗位，如生产制造、零售、建筑、旅游、能源、交通、铁路、邮电、水运、航空、渔业等行业的企业。需要注意的是，综合工时制通常需要企业到劳动部门办理审批手续。

不定时工作制是指因员工机动作业无法按照标准工时制考勤管理（主要为销售外勤等岗位），或者员工能够自主安排工作和休息（主要为高管、研发创作岗位等）所实行的工时制度。适用岗位包括高管、外勤、销售、市场、驾驶员、客户现场服务工程师等，不定时工作制下，由于工作具有较大弹性，无延时加班费和休息日加班费。与综合计算工时工作制一样，不定时工作制需要企业到劳动部门办理审批手续，有些地方如北京规定对高级管理人员可直接适用不定时工作制，无须办理审批手续。

二、将弹性的工时管理方式理解为不定时工作制

有些管理者为了激励员工，对员工执行所谓弹性工作制、非标准工时制度，具体内容往往是取消考勤、不规定具体上下班时间、设置弹性的上下班时间、设置核心工作时间段等。但如果企业没有与员工约定执行不定时工作制或经劳动部门审批实行不定时工作制，上述弹性管理措施仍不改变双方执行“标准工时工作制”的事实，公司不能完全排除延时加班和休息日加班的风险。

当然，弹性的工作时间管理方式有利于激发员工的工作积极性，但也可能带来员工工作的懈怠，需要管理者进行平衡把握。

三、调整工时制度未与员工进行充分沟通

有些管理者认为工时制度的调整属于企业自主权，企业可以单方决定。然而工时制度涉及员工的切身利益，甚至有些已经在劳动合同中进行了明确约定，如果劳动合同明确约定执行标准工时工作制，则变更工时制度通常需要与员工协商一致。即使劳动合同中没有明确约定，企业要调整工时制度仍然需要征求员工或工会意见，履行民主程序后方可通知员工执行。

需要注意的是，仅仅调整员工的上下班时间、考勤管理方式（如打卡考勤改为指纹考勤）不属于调整工时制度范畴，企业可以在和员工沟通后执行。

四、滥用工作时间的管理权

有些企业对员工执行不定时工作制度，不对员工进行考勤，但管理者发现员工经常不在办公室，于是要求员工准时出勤并设置考勤，甚至开始抓员工迟到、早退和旷工问题，这容易引发极大的争议。

虽然不定时工作制不等同于员工可以自由安排工作和休息，但是管理者对执行不定时工作制的员工的工作时间进行管理应当有合理的限制。因不定时工作制员工可能有大量的工作时间不在办公场所，如出差、外出拜访客户等，那么仅仅以没有考勤或刷卡记录来认定员工旷工，不仅有失谨慎，也不合常理。另外，如果要求员工准时上下班，无任何灵活变通之处，那么势必有违不定时工作制的本意，不排除员工向劳动行政部门投诉要求撤销公司的不定时工作制审批。

从合理性角度，管理者可以要求不定时工作制的员工外出出差办理审批报告手续，在家办公则提前获得审批，如员工无外出出差任务应正常前往公司办公场所提供劳动。如前往公司办公场所提供劳动，管理者可要求员工刷卡以便记录出勤情况，但应在上下班时间上给予一定的灵活度，如规定员工可以在上午 8 点至 10 点到达公司，劳动 8 小时以后可以离开，又或者设置核心工作时间段如上午 10 点至下午 3 点应在办公室办公，其余时间灵活安排等。总之，管理者宜从满足业务需求的角度尽可能给予员工灵活度和自由度。

员工拒绝加班、值班、放班怎么办

在企业管理实践中，因为工作需要管理者安排员工加班、值班、放班这种现象十分常见，但是如果沟通不到位可能导致员工拒绝服从的情形。所谓加班，是指在法定工作时间外安排员工继续从事本职工作的情形；所谓值班，是指公司基于消防、安全、节日需要安排员工从事一些收发信件、接听电话、安全巡逻等非本职工作的情形；所谓放班，是指基于生产淡旺季安排员工阶段性停止提供劳动的情形（常见于综合工时工作制）。

案　例

安排员工放班是否剥夺了员工的劳动权利？

周某入职某电子公司从事装配工作，劳动合同约定执行综合工时制。2019 年 3 月 14 日，周某的上级李某通知周某 3 月 21 日、27 日、30 日放班，但周某仍于 3 月 21 日前往公司上班。公司给予周某一级书面警告。4 月底发薪时周某前往人事部门索要放班工资，与人事部门发生冲突。为避免冲突升级，李某安排周某继续放班。6 月 21 日，周某被通知返回公司，因离岗时间较长，李某安排周某在保安室进行培训。周某虽参加了培训，但存在培训期间迟到、睡觉等行为，被公司给予第二次一级书面警告。7 月 9 日，周某前往公司堵住进出大门，公司报警后周某同意培训并完成考试，此后公司安排若干次考试均被周某拒绝，公司给予一次二级书面警告。7 月 31 日，周某被以严重违纪为由解除劳动合同。后周某申请仲裁，要求公司支付违法解除赔偿金。

案件审理过程中，周某主张根据《宪法》规定，公民有劳动的权利，安排员工放班剥夺了劳动者的劳动权利，系违法行为。公司安排自己在保安室培训带有惩罚侮辱性质，故其不能接受与之相关的安排。公司则主张基于生产需要安排员工放班并非针对周某一人，而且安排放班不违反劳动合同约定，周某持续对抗公司管理显然构成了严重违纪。

解 析

尽管《宪法》明确规定“中华人民共和国公民有劳动的权利和义务”，但《宪法》作为调整公民与国家之间关系的基本法，意指国家应当通过各种途径保障公民的劳动权利和义务，并非在微观领域为其他主体设定义务。具体到劳动法领域，劳动者提供劳动，用人单位支付报酬是各自的基本义务，但劳动权利的行使需要考虑公司的正常生产经营需求。本案中电子公司基于业务淡季安排周某放班，恰好符合综合工时工作制中“集中工作、集中休息”的特点，此安排不必然导致员工利益受到损害，员工应当服从管理者关于放班的安排。但在周某与人事部门发生冲突后，管理者担心周某继续扰乱公司秩序而对周某执行第二次放班则值得商榷，该次放班并非基于业务需要产生，而是针对员工的不当行为做出的，合理性值得商榷。假使员工确实存在过错行为，公司可以对其做出纪律处分，而非忌惮员工继续“搞破坏”就剥夺了劳动者继续提供劳动的权利。本案例中，周某接到第二次放班指令后未提出异议，实际执行放班到 6 月 21 日。此后李某以周某离岗时间较长为由安排周某到保安室培训，考虑到保安室并非专门的培训场所，该等安排不具有合理性，涉嫌滥用管理权利。法院虽最终支持公司解雇决定合法，但对第二次放班的做法给予了否定评价。

管理者应当注意，安排员工增加或减少工作时间都容易产生较大争议，必须提前做好相应的沟通，避免产生管理风险和法律风险。以下一些具体措施可供管理者参考。

一、预防员工加班争议的举措

根据劳动法规定，除非紧急任务，公司基于生产经营需要安排加班，需要和员工或工会进行协商，不得强迫员工加班。要解决这一问题，管理者可以考虑以下措施：

1. 就符合要求的岗位申请综合工时工作制或不定时工作制，如申请季度周期的综合工时制，员工在一个季度内工作满 500 个小时之前，不能主张已存在加班事实。

2. 提前设置排班计划，通过会议、培训等方式事先获得员工的认可，而后按照计划执行。

3. 管理员工的绩效而非时间，即对员工的工作产出提出要求，而非在标准时间外延长工作时间。

4. 适当调整员工的上下班时间，如有些公司的驾驶员到了下班时间即拒绝出车，但白天特别是上午有大量时间处于闲置状态，对于这种情况可以考虑延后上班时间来满足业务需求。

5. 为了防止员工主张大量加班费的可能，公司可以设置加班审批程序，对特殊情况下要求加班的，应履行书面或邮件审批手续。

二、预防员工放班争议的举措

对于因生产需要安排员工阶段性放班的情况，管理者需要统筹考虑，尽可能将对员工的不利影响控制到最低限度，在实施放班问题时应注意如下事项：

1. 放班的计划应提前公布，与员工做好沟通，必要时安排会议签到等固定相关的事实。

2. 应合理确定放班的对象，不宜针对个别员工采取歧视性做法，管理者可按照一定的规则执行放班计划，通常前期工作时间较多的员工应优先放班，也可按月或按季轮流放班，有关放班的计划也可在征求员工或工会意见后执行。

3. 因放班导致当月或者当季内工时数不足的，需要提前和 HR 部门沟通好工资发放计划，通常因公司原因导致员工未能正常满勤的，公司仍应发放最低工资，而不能全部按照无薪事假处理。如与员工协商一致，也可在事后安排相应的补班。在安排补班时通常应优先考虑那些之前放班时数较多的员工。

三、预防员工值班争议的举措

与加班不同，员工值班往往并非继续从事本职工作，在司法实践中一般不支持员工要求给付加班费的主张。但值班客观上也牺牲了员工的休息时间，管理者需要平衡公司和员工的利益。在落实值班过程中，管理者可以考虑以下因素：

1. 通过制定相关的值班制度来明确员工需配合值班，避免员工抵制值班的情况。

2. 值班应避免与排班发生混同，有些公司向员工下发排班表而非值班表，最后导致争议，员工主张的是加班而非值班。

3. 对员工值班的，应当给予合理补偿，如按照一定的比例进行补休或者支付值班津贴。

4. 对于本职工作就是值班的一些岗位如保安、门卫等，可以申请不定时工作制。

十五种常见假期类型

员工因各类假期而缺勤，是管理者面对的最常见的场景之一。休息休假权也是劳动者的基本权利，如企业管理者未能正确行使休假的管理权，不仅可能侵犯员工权益，也较容易导致员工对管理者失去信任，有时还会导致双方矛盾激化，最终演变成劳动争议。

案　例

割双眼皮该请病假还是事假?

2013 年 3 月 1 日，王某入职某金融公司，从事前台行政工作。2018 年 4 月的一天，王某早上通过微信向部门经理请假，称身体不适需请三天病假。由于当天公司有重要活动，其所在部门在此次活动中承担重要任务，部门经理无暇顾及其请假事宜，只在微信中回复了“已知晓”。王某上班后，公司才知道其请假是为了做面部器官微整手术（割双眼皮）。公司以王某未提前请假，严重违反公司规章制度为由与王某解除了劳动合同。王某为此申请仲裁，要求认定公司违法解除劳动合同，应支付赔偿金。

案件审理过程中，王某称自己有医院开具的病假单和医疗费支付凭证，自己请假属于病假。公司规章制度中规定，请病假可以先口头向部门经理说明情况，病假结束三日内补报流程，所以自己并没有严重违纪行为，故公司的解除行为是违法的。公司则认为，王某做面部微整手术不属于病假，为此请假属于事假，完全可以事先申请。

解　析

本案的争议焦点之一是王某该请何种假期。众所周知，病假系因身体疾患或非因工负伤而需停止工作、接受治疗或遵医嘱休息的假期。本案例中王某虽执行手术，但并非自身存在病患，而是为追求更好的外貌，具有美容性质，难以按病假处理。本案仲裁委审理后认为，王某所提供的某医院整复外科病历及病假单并不能证明其手术系因病所致。面部器官微整手术虽也是手术，但实质上属于对天生容貌的一种改变，不具有紧迫件，王某完全可以提前以事假形式向公司提出申请。而王某的行为也影响到了公司业务的正常运行，公司按照规章制度的规定，遵照合法的程序，单方面解除双方的劳动合同并不违反法律规定，不属于违法解除。

随着社会的发展、价值观的多元化和法规的更新，假期争议愈加复杂，“父母看护假”“独生子女假”等新类型假期不断涌现，而劳动者执行美容手术甚至变性手术的情形也开始出现，究竟如何审核假期不仅困扰着很多管理者，也困扰着 HR 从业者。

对于每一位管理者而言，掌握基本的假期类型和概念是做好假期管理的重要前提之一。根据中国劳动法规，员工可享受到的常见假期如下。

一、法定节假日

全体公民可享受 11 天法定节假日，法定节假日系带薪假期，如安排工作则不得作调休处理，需支付 300% 的加班费（部分地区不定时工时制除外）。

部分公民可享受的假期有以下几种。

三八妇女节（半天）：如员工参加社会或单位组织的庆祝活动或照常工作，用人单位应支付工资报酬，但不支付加班工资；如适逢双休日，安排工作的则支付加班费或安排补休。

少数民族节日假期：按地方规定执行。

二、周休息日

通常为周六或周日，根据劳动法规定，企业可自主决定周休息日的时间（包括执行单休或双休），但应确保劳动者每周至少休息 1 日，每周正常工作不超过 40 小时（超出则按加班计算）。

如企业执行双休制，全年总计 104 个周休息日，周休息日为无薪假期。

三、事假

事假，是指员工因个人或家庭原因向公司申请的无薪假期。事假天数通常由企业自主决定，法律未设置具体规则。

四、病假

病假，是指员工因病或非因工负伤导致需要治疗或遵医嘱休息的时间，病假为带薪假期（病假工资按地方规定执行）。

员工根据工作年限享受一定的医疗期，如累计病假时间超过国家和地方的法定医疗期，则公司可以提前解除劳动合同。

五、年休假

年休假是指法律规定或者企业内部规章制度规定的员工可享受的一段带薪假期。法定年休假天数按照员工累计社会工作工龄确定，累计工龄满 1 年不满 10 年的，年休假 5 天；累计工龄满 10 年不满 20 年的，年休假 10 天；累计工龄满 20 年的，年休假 15 天。

员工长期休病假可导致其无权享受年休假。

六、婚假

婚假，是指员工在劳动关系存续期间本人因缔结合法婚姻关系可享受的带薪假期。婚假国家规定为 1—3 天，地方有不同规定的，按地方规定执行。目前全国已取消“晚婚假”概念。

七、丧假

丧假，是指员工配偶、直系亲属死亡所产生的带薪假期。丧假国家规定为 1—3 天。

八、公假

公假，是指公民履行法定义务或因具备特殊身份履行特定社会活动产生的假期。公假应视为正常出勤，企业按合同约定支付工资。常见的情形包括：

1. 人大代表、政协委员依法履行职责；
2. 当选代表，出席政府、党派以及工会、青年团、妇联等召开的会议；
3. 出任人民法院陪审员；
4. 出席劳动模范、先进工作者大会；
5. 参加兵役登记等应征事宜和预备役人员参加军事训练。

九、产假

产假，是指女职工因分娩而需要休养康复的带薪假期。正常分娩为 98 天产假。如企业正常为员工缴纳生育保险的，由生育保险基金支付生育津贴。

十、延长生育假

延长生育假，是指根据地方计划生育条例给予女职工一段时间的“奖励假期”，奖励假期通常与产假合并使用，具体天数按地方规定执行。

十一、陪产假

陪产假，是指对女职工的配偶在女职工分娩时所给予的一段时间的带薪假期。具体天数按地方规定执行。

十二、哺乳时间

哺乳时间，是指女职工怀孕 28 周以上及小孩 1 周岁内每天可享受 1 小时哺乳时间或额外休息时间。哺乳时间是带薪时间，视为正常出勤。

十三、路程假

路程假，是指员工请婚假（双方不在一地工作）或丧假（职工在外地的直系亲属死亡时需要职工本人去外地料理丧事）时因路程较远，由企业审批一定时间的假期。

目前因交通愈加便利，企业普遍不执行路程假。

十四、探亲假

探亲假，指与父母或配偶分居两地的职工，每年享有的与父母或配偶团聚的假期（20—45 天）。该假期仅限于机关、事业单位及国有企业执行。民营、外资企业不执行探亲假规定。

十五、父母看护假

国家层面未设置该类假期，但一些地方法规规定，老年人患病住院期间，独生子女或非独生子女所在单位应当支持其护理照料老年人，给予适当陪护时间，具体时间由各地老年人权利保障条例进行规定。

管理者审批假期的误区

管理者了解员工可获得的基本假期类型后，还应在实际管理工作中正确行使休假审批权利。通常，除法定节假日和公司主动安排假期外，所有假期均应完成审批程序以保障公司正常的生产经营运转。但另一方面，休息休假审批涉及员工切身利益，管理者不予准假应把握合理性和必要性。

案　例

岳父患重症请事假可否不批?

钟某系某公司的检验员，2016 年 12 月 25 日，钟某于微信工作群中 @ 盛某："领导，我明天上午有点事要办，上午请假半天，望批准！" 盛某："不行，工作上人手不足。"钟某 @ 盛某："事情紧急，实在没有办法，还望批准！" 盛某："好多人都在休公休假"并 @ 钟某 "就是不行"。12 月 26 日，钟某再次于工作群中 @ 盛某："领导，我今天帮我丈人转院，请假一天！望批准！" 盛某 @ 钟某："昨天已经回复不批准了。" 并 @ 钟某："无组织无纪律，成何体统！" 钟某 @ 盛某："事情紧急，我实在没办法。" 因钟某 12 月 26 日缺勤，公司对其做出旷工处分，后因钟某陆续与上级发生争执，钟某最终被以严重违纪为由解除劳动合同。钟某据此申请仲裁，要求认定公司违法解除。

案件审理过程中，钟某辩称，其在 2016 年 12 月 26 日没有上班，是因为岳父需要转院，而岳父无法行走，需要由自己背到医院，且自己事先已向上级履行了请假程序，只是上级蛮横无理不予批准。至于次日自己与上级发生口头冲突，虽行为欠妥，但尚未构成严重违纪。公司则认为事假必须获得批准方可休假，钟某旷工后仍然继续与上级发生争执，构成了严重违纪。

解　析

本案的争议焦点之一是钟某的事假申请是否应获得批准。诚然，事假直接影响公司利益，通常应事先获得用人单位批准，但钟某系为协助其丈人转院，事出有因，且该种情形下不予批准有违基本伦理道德，上级主管盛某未充分履行沟通义务径自不予批准一天事假，涉嫌滥用休假审批权，由此导致双方矛盾升级，是事件的主要过错方，公司据此解除劳动合同难以认定合法解除。

本案法院审理后认为，在劳动合同履行期间，用人单位处于管理者的地位，无疑对劳动者具有管理权，对劳动者违反劳动纪律的行为同样具有惩戒的权利。在劳动合同履行期间，用人单位及劳动者均负有切实、充分、妥善履行合同的义务。劳动者有善意履行职务、自觉维护用人单位劳动秩序、遵守用人单位规章制度的义务，同时对用人单位能够善意、宽容、合理地履行管理权抱有合理的期待。从本案现有证据及在案事实可见，钟某因陪护癌症晚期的岳父转院，于微信工作群中先后 @ 其主管请假，并两次恳求因事情紧急，望能准假。2016 年 12 月 26 日，钟某又向其主管披露请假原因，因帮丈人转院而请假，并表示实在没有办法，望其批准，其主管则断然拒绝称“无组织无纪律，成何体统”。27 日，钟某上班后找其主管补假，遭到拒绝后，恼羞成怒，出言不逊，行为欠妥，扰乱了公司正常的工作秩序，理当受到公司的相应处罚，然处罚形式多种多样，做出解除劳动合同的处分系对劳动者最为严厉的惩戒措施，用人单位应当审慎为之。综观本案，钟某请假，事出有因，其配偶为独生女，其为家中唯一壮丁，护送病情危急的岳父转院，无可厚非，公司作为用人单位除合理安排工作外，亦应对员工的具体困难存有怜悯之心，若如钟某此情，再不准假，则事假制度也无设立之必要。鉴于本案中，公司作为用人单位未尽普通善良人之义务，对于员工准假过于严苛在先，致本案纷争，而钟某之行为不当在后，公司作为用人单位在解除双方劳动关系中存有过错，未能维护和谐稳定的劳动关系，理当支付解除劳动合同之赔偿金。另当指出，钟某亦应反省自身行为，其与上级、同事沟通失当，行为蛮横，致矛盾升级，理应吸取教训，以防再犯。

结合上述案例可见，虽然对事假用人单位可不予批准，但并不代表管理者可以无视个案具体情况自由行使休假审批权。

管理者行使休假审批，还应注意避免以下误区。

一、对员工的休假申请不作回应

员工通过邮件、微信、短信、网络系统等向上级发起休假申请，如果管理者不作回应，既不说“批”也不说“不批”，员工径自离开工作岗位，嗣后用人单位以员工旷工为由解除劳动合同，引发诉讼纠纷，该类案件十分常见，但多以用人单位败诉而告终。法院普遍认为，当管理者收到休假申请或者询问如何办理请假手续时，管理者应承担诚信沟通义务，积极与员工进行沟通，明确审核意见是批准还是不批准，如不予批准，宜说明理由，如“公司政策规定 5 天以上的假期应提前一周提出申请”。

如果管理者对员工的休假申请放任不管，则会导致事后发生争议时双方各执一词，员工可能主张“没说不批准就代表默认了”，管理者则主张“没说不批准就应该正常出勤”，毫无疑问，掌握审批权限的管理者应当担负更多的责任。

二、对于劳动者的请假程序要求过于严苛

通常，员工请假需要提供一定的证明材料，对于一些实体条件（如婚假需要提供结婚证、产假需要提供子女出生证明等），管理者要求员工配合提交相关材料并无不妥，这也是保障企业管理秩序的重要体现。

但如果员工确实符合休假条件，只是提供的材料不够完整或存在延时，此时如果径自做出旷工处分，则难以获得认可和支持。有些管理者为了防止员工“泡病假”，要求员工提供三级甲等医院的病假资料，显然对劳动者而言过于严苛，如处理不当极容易引发争议。

管理者应当熟知企业有关假期的制度，对于存在问题的请假应及时要求员工补正，并且及时通知 HR 部门妥善处理薪资问题（如正常发放薪资还是暂缓发放工资），避免对请假的处理和薪资的处理不一致。

三、在请假审核上缺乏内部公平性

对员工的请假管理不仅要合规，更要考量公平。如果对员工 A 的 15 天事假予以直接批准，则对员工 B 提出的 15 天事假管理者是否也应该批准呢？在很多情况下，休假是否要批准、批准几天在很大程度上依赖于管理者的自由裁量权，特别是在规章制度规定不明的情况下。

每一位员工对管理者公平对待自身都抱有合理的期待，管理者如果不能公平处理个案，则极容易导致员工失去对管理者的信任。面对不同情形，管理者内心应该有“一道准绳”，如员工通过微信请假是否应当准许，还是一律要求填写书面请假申请，如果

规章制度未能明确，则管理者宜在同一部门内坚守同样的规则，以避免员工的误解和抱怨。

此外，管理者行使审批权后不得随意调整或撤销，以维护管理上的公信力，如果休假审批能够随意修改，势必也会导致员工“出尔反尔”，如今天申请了年假，明天则要求变更为病假，诸此等等。

破解员工“泡病假”

在劳动关系中，除工资支付和劳动给付的对价关系外，双方的人格关系亦十分重要，劳动者一方应忠实勤勉地履行工作职责，自觉维护公司利益，同时用人单位应对劳动者承担保护和照顾义务。

当然，现实生活中有些劳动者长期因病缺勤并无产出，但企业仍需要负担工资、社保等成本，两者存在一定的“利益冲突”，特别是当下不诚信行为高发，部分劳动者违反诚实信用原则滥用病假权利也十分常见，给很多管理者带来极大的困扰。

案　例

“病假”期间出境旅游能否成立病假？

丁某是阿里巴巴公司的资深经理。2013 年 4 月 18 日丁某到北京按摩医院就诊，北京按摩医院的诊断及建议为：颈椎病，建议休两周。2013 年 4 月 19 日，丁某通过邮件向直属上级请病假，称“老板，你好。最近两周一直受到头疼困扰，昨天去医院检查，发现颈椎问题严重，医生要求先全休两周，五一后根据复查情况有可能要住院治疗”，后获得批准。同日丁某前往巴西，2013 年 5 月 4 日回国。

丁某回国后，直属上级与丁某进行电话沟通，反复追问丁某休病假时是在北京还是在巴西，丁某强调其是在休病假，至于在哪儿休病假与谈话的主题无关。2013 年 5 月 16 日，丁某被解除劳动合同，其后丁某申请仲裁，要求恢复劳动关系。

庭审中，丁某主张其确实因身体患病而申请休假，且获得了上级的批准，至于病假期间前往巴西也是为了康复治疗，法律亦未禁止，阿里巴巴公司对员工休病假的地点也未作限制性规定。公司则主张丁某病假期间前往巴西游玩，严重违反诚实信用原则，且能证明员工的疾病并未达到需要全休的程度。

解　析

虽然法律未对员工病假期间的活动范围作出明确规定，但是病假的主要目的仍然是治疗和康复休息，员工应合理行使病假权益，不得滥用。本案中丁某于 4 月 18 日就诊，4 月 19 日就出境，而出境涉及签证办理、机票订购，显然是一个需要预先准备的过程，可见丁某先安排了前往巴西的行程，而后通过请病假来达到行程目的，丁某也未能举证其在巴西有诊疗事实，可见其存在违背诚信的行为，阿里巴巴公司据此解除劳动合同应属合法。

本案再审法院认为，虽然司法实践中倡导用人单位制定明确的规章制度和劳动纪律，但是不能苛求其对劳动者的日常行为事无巨细地作出规制。对于劳动纪律和规章制度中没有具体涉及的情形，应当遵循民法基本原则加以理解适用，而诚实信用原则不但是劳动者应当恪守的社会公德，更是用人单位与劳动者依法建立和履行劳动关系和义务的基石。本案中，丁某于 2013 年 4 月 18 日前往医院就诊，19 日就以自己患有严重颈椎病，医生建议休息为由，向阿里巴巴公司请病假两周，并于当日启程前往巴西。丁某回国后，阿里巴巴公司的工作人员与其谈话时，丁某回避休假地点，仅强调事先已请假，且以公司规章制度没有对员工的休假地点作出限制为由辩解。本院再审庭审中，丁某对于前往巴西期间的行程及是否遵医嘱接受适当的治疗或疗养等问题均予以回避。根据上述事实，本院再审认为，用人单位的规章制度虽然未对劳动者休假地点作出限定，但是劳动者休假期间的行为应当与其请假事由相符。按照一般生活常识判断，阿里巴巴公司有理由质疑丁某请病假的目的并非休养或治疗，丁某在阿里巴巴公司向其了解情况时拒绝提供真实信息，违背诚信原则和企业规章制度，对用人单位的工作秩序和经营管理造成恶劣影响，故阿里巴巴公司以丁某严重违反企业规章制度为由决定与其解除劳动合同合法有效。

从上述案例可见，无论员工还是用人单位都应当正确行使权利，不得从事违反诚实信用原则的行为。对于劳动者而言，如确实身体患病，应按医嘱休息并按公司要求办理请假手续。对于管理者而言，则需要正确行使审批权，对于不诚信的行为，也可按公司规章制度依法做出处理。

管理者有效管理员工病假，依法维护确实需要休息的病假员工权益，同时打击不诚信的“泡病假”行为，有助于保障组织内部公平。在病假管理过程中，管理者应注意以下事项。

一、准确把握病假的成立条件

员工病假不仅涉及劳动者的切身利益，也关乎企业用工成本和管理自主权，合法有效的病假应当满足下列条件：

1. 员工与公司存在劳动关系。如公司已解除或终止劳动合同，员工次日再前往医院看病并交付病假单，此时仅为看病而非病假，因双方已不存在管理与被管理的关系。

2. 员工身体患病或非因工负伤属实。如无患病或受伤，则显然不成立病假。

3. 员工亲自前往医院就诊，按照正常的诊疗程序挂号、诊治并获得病休建议。条件3是为了证明条件2属实，如员工并未前往医院或者找人代挂号，显然病人和医院未建立医患关系。另外，如员工实际前往医院，但未进行诊断治疗，也未获得具体休息天数的建议，则难以认定具体病休天数。

4. 员工对所持有的病假材料做出处理。如员工持有为期一个月的病假单，但继续带病工作，则不成立病假，如员工选择向公司请病假一周，则病假天数应以一周为限制。应当注意，病假单对员工而言只具有参考意义，员工可以完全接受医生的病休建议，也可以部分接受医生的建议，但员工一旦做出选择，则不得随意变更。

5. 员工按照公司规章制度的规定办理完整的请假手续。考虑请假程序多由用人单位根据自身的管理条件灵活设置，在相关规定不违反法律规定的前提下，员工应严格遵守。如用人单位要求员工提交病历、病假单原件审核，此属于公司正当要求。需要注意的是，包含病历在内的病假材料属于个人隐私范畴，但企业基于劳动管理目的要求员工提供材料以供审核，只要是用于病假管理用途，则不构成对员工隐私权的侵犯。

6. 员工病假期间未从事与病假目的不相符的活动。从前述案例可见，如果员工病假期间在外旅游或者从事兼职活动，则属于严重有违诚信的行为，即使病假材料齐全，亦可否定其病假效力。

二、合法合理地运用各种管理手段

为了更好地管理员工的病假，管理者可能会提出诸多的对策，包括不予批准员工的病假、要求员工提供病历原件、要求员工提交指定医院的病假资料等，有些手段涉及排除员工基本权利，难以获得支持和认可。

一些不被司法机关支持和认可的病假管理手段包括：

1. 无正当理由拒绝批准员工的病假，或者减少批准天数（如员工持有一个月病假单并希望获准一个月病假，管理者仅批准一周）。考虑到病情诊断由医疗机构进行，员工到底需要休息多少天难以由管理者自行判断，故直接不予批准或减少天数的做法既不合法也不合理。

2. 要求员工前往指定的医院就诊。有些管理者为了避免员工“泡病假”，希望其前往公司合作的医疗机构就诊，该做法实际上排除了劳动者自由选择就医机构的权利，难以成为有效的管理手段。

3. 要求员工提交指定级别医院的病假材料。该做法虽然给予劳动者一定的灵活度，但仍剥夺了劳动者的选择权利，实际上员工可以根据经济条件、居住地点、病情严重程度等选择对其最有利的就诊医院。一些感冒发烧等轻症状的病情，如要求员工提供三级甲等医院的病假材料，不仅增加了员工的负担，也会导致社会医疗资源的浪费。

4. 要求持有所有病假资料的原件。员工病假资料中，仅可要求提交病假单原件并由公司持有，其余材料涉及费用报销、继续诊断，公司在核对原件后持有复印件即可。

5. 无正当理由停发其病假待遇。如员工病假程序和实体条件完全符合公司要求，但管理者仅凭主观判断即停发员工病假待遇，易导致矛盾激化，与法律规定相悖。

6. 以一些轻度的病假程序瑕疵直接认定为员工旷工。尽管公司可能制定了非常完善的病假制度，对员工何时申请病假、提交哪些材料、通过何种方式提交、提交给谁等都有明确规定，但员工因为疏忽、对政策的误解等可能存在一些请假程序瑕疵，如公司明确要求提供病假单原件，但员工只通过邮件发送了复印件，如果管理者不进行任何沟通提醒，直接按照病假不成立以旷工认定，这种做法就难以得到法院支持。

同时，以下一些管理手段，在规章制度有明确规定的前提下，可以作为管理员工的依据：

1. 要求员工履行缺勤报告义务。如员工因病不能工作的，应提前告知直属上级，避免工作无法安排。

2. 要求员工在合理时间内提供完整病假资料供公司核查。

3. 要求在病假开始前或病假期间配合履行工作交接义务。员工病假势必导致相关工作无法开展或需要他人接手，此时有关工作进展、办理事务所需的印章、文件、物品、资料等需要办理移交手续，以避免影响公司正常生产经营运转，这也是劳动者病假的附随义务之一。

4. 对员工病假持有合理疑问时，要求员工配合到第三方医院复查。复查虽客观上导致员工负担的增加，但如果员工提交的病假资料明显存在瑕疵（如违反基本诊疗程序、违背生活常识等），公司要求进一步核验尚属合理。公司在执行复查过程中应满足以下合理性要求：（1）通常复查费用由公司承担；（2）公司能指明员工病假存在的若干疑点；（3）复查医院应考虑疾病种类、员工居所远近等，满足专业性和便利性要求。

5. 对不符合公司要求的病假，暂缓发放病假工资。如员工向主管报告病假，但未提交病假资料，此时公司暂缓工资发放不构成恶意克扣工资。

6. 对员工病假的程序瑕疵，经提醒仍未改善可做出纪律处分。如公司要求员工提供病历资料以供核对，但员工以侵犯隐私为由拒绝提供，经提醒后仍不提供的，可以不服从公司合理管理指令为由做出轻度纪律处分，持续违反的，可升级至严重违纪解除。

三、谨慎操作病假员工的违纪解除

员工患病本应得到更多的照顾和保护，如没有充分的证据就行使违纪解除权，不仅容易引发纠纷，且发生争议时公司的败诉率极高。当然，在员工明显违反规定的前提下，用人单位行使纪律惩处也是维护自身利益之举。

常见的一些导致劳动合同解除的情形包括：

1. 员工未办理任何请假手续而缺勤但实际持有真实有效的病假资料。该情形下如果管理者未与员工进行任何联络，径自以旷工解除，将面临着极高的法律风险。诚然，员工未履行请假手续存在过错，但对于一个突然缺勤的员工，管理者需要履行沟通义务，核实具体缺勤的原因再作判断和处理。如管理者已经通过电话、邮件、快递等方式催告员工上班或办理请假手续，员工持有病假资料仍不提交，则应由员工自行承担不利后果，公司以旷工解除劳动合同不能认定为违法解除。

2. 员工病假存在明显的实体违规，如未挂号、找人顶替挂号、病假资料人为涂改、提供虚假病假资料、病假期间在外兼职 / 旅游等，该情形下管理者也不宜操之过急，还应先作必要的调查，如前往医院核实该病假材料是否为该机构所出具，此后再给予员工解释的机会，如员工无法做出合理解释，则可评估证据后做出是否解除劳动合同的决定。

3. 员工多次违反公司病假制度或者不配合公司合理的管理指令（如拒不办理工作交

接、拒不补交病假材料、拒不配合复查等），上述行为虽有不妥，甚至直接违反了公司病假制度规定，但管理者宜循序渐进地推动纪律处分，如先给予提醒，后给予书面警告、严重书面警告，最后再以严重违纪解除，可以将违纪解除的风险降至最低。

无论如何，管理者试图以违纪为由与病假员工解除劳动合同，需要承担更多的沟通义务和举证责任。

第7章 调岗管理

五种常见调岗情形

从员工角度来看，不同岗位意味着不同的技能要求、工资标准、发展机会，与个人利益直接相关。而从企业角度来看，虽然企业的组织架构多由不同的岗位组成，但企业的经营情况、业务组成、产品构成并非一成不变，甚至员工的知识、经验、技能、身体情况也处于变动之中，故动态的岗位调整不仅符合客观规律、生活常识，也是企业管理的常态。故而，岗位的调整不仅涉及企业管理自主权，也涉及员工的切身利益，二者需要妥善平衡。

案 例

调整员工的管辖客户属于调岗吗?

张某任某公司的客户支持岗位，双方劳动合同中约定“乙方必须根据甲方确定的岗位职责，按时按质按量地完成甲方分配的工作任务”。张某入职后一直负责A客户的服务支持工作。2016年6月13日，张某的上级主管李某向张某发送了一份主题为“关于负责项目变动的通知”的邮件，内容载明：“张女士，基于项目发生变动的原因，经过公司内部协调，你负责的客户将由A调整为B。薪资及福利维持不变……”2016年6月14日，张某回复称“沟通不能达成一致，所以将继续留在原岗位工作……”后由于公司多次要求张某接受B客户的工作，均遭到张某拒绝，公司以严重违纪为由解除了张某的劳动合同。张某申请仲裁。

案件审理过程中，张某称其负责客户的调整属于调岗和变更劳动合同，应当与本人协商一致方可执行。公司则认为只是对负责客户的调整，张某的工作内容未有大幅度变动，不属于调岗范畴。

解 析

本案争议焦点在于公司调整员工负责的客户是否需要员工同意。通常而言，服从用人单位合理的工作安排，是劳动者应尽的基本义务之一。本案中，首先，双方劳动合同中约定张某的工作岗位为客户支持，并未明确客户支持的具体项目，且结合上级主管李某发送的邮件来看，公司调整张某的客户支持项目，系基于项目发生变动，且调整后的薪资及福利不变，工作地点亦未改变，由此可认定公司的工作安排具有合理性和必要性；其次，根据双方提供的邮件往来记录，公司已就调整客户事宜告知张某，而张某则明确表示拒绝，可看出张某对调整后的工作内容是知晓的，公司据此做出纪律处分直至解雇并无不当。最终，法院驳回了张某的诉请。

从上述案例可见，并非管理者针对员工的任何调整都属于调岗范畴，也并非所有的调整都要履行协商一致原则。所谓调岗，一般是指员工的工作内容、工作职责等发生较大变化的情形，以下单一的调整和变化一般不属于调岗范畴：

1. 调整员工的工序、工位；

2. 调整员工的工作汇报关系；

3. 调整员工的归属部门；

4. 调整员工的负责客户、管辖区域；

5. 工作内容、工作职责的适度调整；

6. 临时性工作安排。

从便于沟通的角度，管理者不宜将所有的调整变化都归结为调岗范畴，因多数员工的普遍认知仍然是“调岗需要员工本人同意”，虽然该认知与法律规定不符，但管理者还需面对现实，调整合适的沟通口径。

在企业用工实践中，常见的调岗主要包括如下情形。

一、企业经营需要调岗

在企业经营发生较大变化的情况下，公司需要对员工的岗位进行调整。如公司变更经营模式，将安排销售员销售调整为代理商销售，随之撤销相关销售岗位，公司可安排员工调整至其他岗位（如市场、客户服务等岗位）。一些常见的经营需要情形包括：

1. 组织架构的调整；

2. 经营方式的调整；

3. 生产、销售模式的变革；

4. 技术的升级等。

二、员工不胜任调岗

在员工不具备所在岗位技能的情况下，公司对员工进行合理岗位调整，该种调整通常带来员工职级的降低、薪资的减少，但需要公司充分举证证明员工确实属于“不胜任工作”。

三、双方协商一致调岗

所谓协商调岗，是指无论因何种原因，在员工同意的情况下，公司或管理者可对员工进行岗位以及相关要素的调整。需要指出的是，协商一致调岗既可以由双方签署相关合同、协议达成，也可以通过实际履行的方式达成，如直属上级通知员工到新岗位履职，员工以实际行动服从公司的调岗安排并且超过一个月以上，亦可确认调岗生效。

四、职业禁忌调岗

根据《职业病防治法》的相关规定，如果员工从事职业危害岗位经职业健康体检确认存在职业禁忌症，即已不适合继续从事原岗位工作，为了保护员工的身心健康，法律强制要求公司对员工进行合理调岗，如安排至无职业危害的岗位继续履行劳动合同。

五、医疗期满调岗

员工因病长期缺勤，在法律规定的医疗期届满后返工，但其身体条件已无法适应原岗位工作或者医嘱明确已不适合在原岗位工作，则由用人单位结合员工的身体情况安排其他合适的岗位。

因经营需要调岗的四大关键要素

企业经营情况并非一成不变，公司组织架构也可能随时调整，故企业因经营需要对员工岗位进行合理调整的情况十分常见，但无论如何调岗必然带来员工工作职责、职级、汇报关系、薪酬福利条件等因素的改变，事关员工切身利益，故如何合法合理调整员工的工作岗位、充分做好沟通有赖于管理者的准确把握。

案 例

调岗是否合理谁说了算?

刘某于2012年入职某置业公司，双方劳动合同约定岗位为综合管理部。2015年3月20日，刘某的上级吴某向刘某送达书面通知书，内容为："刘某同志，因公司发展需要，对你的工作地点进行变更，工作地点由南阳市变更为西峡县，岗位为××项目部。请你自收到本通知书之次日起3日内办理原工作岗位的移交工作……"因刘某未至新岗位报到也未办理交接，置业公司以严重违纪为由解除了刘某的劳动合同。后刘某申请仲裁。

案件审理过程中，刘某主张上述调岗属于变更合同，需要本人同意，且工作地点的变化对本人生活便利造成极大影响，公司也未明确新岗位的具体工作职责，工资待遇也未列明。置业公司则主张双方签署的劳动合同中约定甲方可根据经营需要调岗，故因经营需要调岗不需要经员工同意，刘某未举证工资降低，其应服从公司安排。

解 析

虽然双方劳动合同中有关于甲方可根据经营需要调岗的约定，但调岗事关劳动者的切身利益，仍需根据个案情况判定是否合理。用人单位依据约定行使调岗权时，应当符合公平合理原则，不得滥用调岗权。在判断用人单位的调岗行为是否合法有效时应审查用人单位做出调整岗位决定的理由、调整前后工作岗位的劳动条件、劳动强度、工资待遇、工作时间、工作地点、职务高低等因素综合判断该调整决定是否具有合理性。

本案中，置业公司直接通知刘某调岗，未陈述具体理由，且工作地点发生较大改变，对员工的通勤、生活便利必然造成不利影响，直属上级亦未与刘某进一步沟通具体工作职责、薪资报酬等内容，未尽诚信沟通义务，无法认定公司的调岗决定符合合理性原则。最终，法院判决置业公司败诉。

应当指出的是，如果属于合理调岗，企业根据劳动合同约定的调岗权做出合理的调整岗位通知后，劳动者应服从用人单位的工作安排，在劳动者不予配合并且有旷工等严重违反劳动纪律行为的情况下，用人单位提出解除劳动合同的，其解除劳动合同的行为不应认定为违法解除。而对于明显不合理的调整决定，如调岗前后的福利待遇、劳动强度、工作时间、工作地点、职位级别等相差较大的，则应认定用人单位的调岗行为不合法，劳动者可请求确认调岗无效，要求用人单位按照合同约定履行。

为避免调岗导致的争议和风险，管理者在确因经营需要而安排员工调岗时应综合考量如下因素。

一、调岗的必要性

有些调岗决定被员工质疑，员工主张调岗是个别管理人员对本人的打击报复。要澄清调岗的原因，管理者需要和员工充分沟通“为什么要进行调岗”“公司经营层面到底发生了哪些变化”，必要时还应提供证据协助沟通，如出示公司的调整决定等。

通常以下情形可视为公司经营情况发生变化，对员工进行岗位调整存在合理的动机：

1. 公司生产经营模式发生变化，如产品组装改由机器人操作，设置 SAP 系统，取消账务员职务等；

2. 公司的销售模式发生变化，如将销售员直销改为线上销售或与代理商合作；

3. 公司因经营亏损或母公司并购等原因，对组织架构进行优化精简；

4. 部分员工离职导致工作需要重新布置；

5. 公司将部分职能或业务进行外包，如车辆驾驶服务外包后需合理调整驾驶员职位；

6. 公司将业务和职能进行拆分重组，如职能管理模式改为业务条线管理模式。

上述变化必然导致公司资源的重新分配，也将带来岗位设置层面的变动，管理者需要和员工充分沟通企业为何要对相关岗位进行调整，不调整将导致哪些负面后果等。

二、调岗的一致性

由于多数公司在劳动合同或录用通知书中明确约定了员工的具体岗位或者岗位类别，故劳动合同中如何约定对于调岗也将产生重要影响。如果公司与员工在劳动合同中明确约定所有的调岗必须遵循协商一致原则，则用人单位应当严格执行。相反，如果劳动合同中约定公司可根据经营需要进行岗位调整，可作为公司执行调岗的合同依据之一。

当然，从企业实操角度，约定过细的岗位名称反而增加了沟通的难度，如劳动合同中约定员工岗位为华北区高级销售经理，如安排员工调整至华东区销售经理职位可能招致员工的反对，相反，劳动合同中约定高级销售经理一职则不存在“华北区”和“华东区”不一致的争议。

管理者在参与岗位名称的制定时需要考虑未来调整的可能性，不宜作过于僵化的约定。

三、调岗的合理性

所谓合理性，是指管理者需要考虑调岗所涉及的相关要素的变化对员工到底有何积极或消极的影响。从员工角度而言，涉及如下要素时需要重点评估：

1. 薪酬福利有无降低。通常认为，如果公司因经营需要安排岗位调整，员工并无过错，此时应确保工资待遇不变，让劳动者承担薪资降低的不利后果则有失公允。当然，在特殊情况下，如公司经营不善导致岗位调整，应当允许有一定的调整空间。

2. 工作地点有无重大调整。工作地点主要涉及距离远近、对员工上下班的影响、公司有无提供补救措施（如提供班车、住宿等），如果是跨省市的永久性的工作地点变更，则需以员工同意为前提，如果是同一城市的工作地点调整，员工可通过公共交通或者公司提供班车解决上下班问题，且劳动合同无相反约定，可视为不属于工作地点的重大变更。

3. 工作内容的差异性。每一位劳动者所具备的知识、经验、技能都存在局限性，不可能什么工作岗位都能胜任，故公司调岗应考虑员工所具备的履职条件，如果安排的岗位明显具有惩罚性、侮辱性，则不应视为合理调岗。如果公司安排销售人员从事技术研发工作则难以认定为合理，如果安排销售人员从事市场调研方面的工作，公司也提供了相关培训，则合理性较强。总体来说，通用类岗位（如操作工、行政类、管理类）调整的空间较大，技术类岗位调整的空间较小。公司可以在实际操作中通过提供培训、指导、绩效保护期等降低对员工的不利影响，以增强调岗的合理性。

4. 工作环境的差异性。如果员工原来从事的是办公室工作，现在调岗至车间，显然合理性较弱；安排未接触过职业危害的员工从事有职业危害的岗位，往往需要取得员工同意。

总体而言，公司需要综合考虑上述合理性因素，以便对调岗是否具有合理性作出判断。

四、调岗的程序正当性

所谓程序正当，是指管理者对员工的岗位调整应当严格依照内部程序进行，特别重要的是履行诚信沟通义务。管理者应向员工提前沟通调岗的必要性、合理性，并正式向员工发出调岗通知书，宜载明调岗原因、新的岗位名称、汇报关系、工作地点、薪资福利、岗位职责、培训安排（如有）、原岗位的交接手续等。

如果员工对岗位调整提出异议，管理者也不宜立即做出纪律处分，而应妥善进行沟通解释。如员工认为，调岗属于变更劳动合同需要本人同意，则管理者可以解释“根据劳动合同第 × 条约定，甲方可以根据经营需要对乙方进行岗位调整。故本次调岗并不违反劳动合同的约定”。再如员工主张“本次调岗不符合个人的职业规划，有违我入职初衷”，管理者可以回应“个人职业规划需要以公司的经营发展战略为前提，公司的经营情况也并非一直不变，新的岗位职责在某种程度上也有利于您个人职业技能的拓展，公司层面也愿意提供力所能及的帮助和支持，如安排相应的培训等，希望您能克服困难，服从公司的调整安排”。

不胜任调岗的注意事项

除公司原因导致员工的岗位需发生变动外，劳动者个人原因引发岗位调整的情形亦十分常见，其中员工工作能力不能达到公司要求是管理者推进岗位调整的重要情景之一。然而，与因经营需要调岗相比，因员工个人原因调岗阻力极大，通常包含对员工的负面评价，需要管理者做好相应的沟通准备。

案　例

认定不胜任半年后执行调岗是否合法?

梅某于2012年7月入职某管理公司担任客户总监一职，月薪为26000元。2018年8月14日，梅某的直属上级向其出具《岗位调动通知》，显示从2018年9月1日起将梅某的岗位从客户总监调整为资深策划经理，月工资为10000元。由于梅某明确拒绝岗位调整，双方就此发生争议。后梅某以管理公司拖欠工资为由提出辞职，并申请仲裁，要求公司支付经济补偿金。

案件审理过程中，管理公司提供了2017年梅某的年度考核结果，显示不合格、不符合客户总监要求。梅某对考核结果不认可，称公司从未明确销售任务指标，同时认为公司的调岗措施不合理，薪资大幅下降，严重损害了本人利益。公司则主张梅某从未对考核结果提出异议，应视为认可，公司执行岗变薪变原则，10000元的月薪符合同工同酬原则。

解　析

本案系因员工个人原因产生的调岗情形。管理公司主张梅某2017年度考核不合格，故而执行不胜任调岗。然而，且不论年度考核不合格的认定是否成立，仅凭公司在2018年8月才通知员工调岗这一点可见，公司未能及时行使调岗权，通常年度考核结果在2018年年初既已知晓，为何管理者半年过后才通知员工调岗呢?

此外，梅某原月工资标准为26000元，调岗后为10000元，虽公司主张同工同酬，但梅某的收入下降幅度超过 50% 系不争的事实，故从薪资调整幅度的角度，管理者的调岗调薪亦缺乏合理性，最终法院认定管理公司调岗不成立，支持了梅某的诉请。

管理者因员工绩效问题执行调岗时，需要承担更多的沟通义务，及时、准确地行使调岗权。在企业用工实践中，管理者需要避免以下误区。

一、管理者直接调岗缺乏“痕迹”

在管理实践中，管理者出于对员工表现的不满直接安排调岗的情况十分常见，有些是管理者口头通知调岗，员工可能实际服从了管理者的调整决定，但整个过程缺乏证据加以证明，公司 HR 部门也全然不知，有些公司的网络系统内还显示员工的岗位、职级均无变化。如员工原岗位是采购主管，但已被调整为采购员，但员工的劳动合同未作变更，也无调岗通知等文件佐证，员工的工资未作变化，甚至员工的邮箱地址签名仍然是采购主管，但员工已经实际履行采购员的工作职责，此时如果管理者认定员工在采购员职位上仍然不胜任工作，则极易发生争议。

员工可能主张其劳动合同未作变更，薪资无任何变化，公司相关系统数据均显示本人职务仍然是采购主管，故公司无权以不胜任解除劳动合同。而管理者则主张员工实际已经履行采购员职责，应按采购员岗位认定。然而，发生争议后公司一方需承担更多的举证责任，公司如无充分证据证明该调岗过程，将面临极大的败诉风险。

另外，管理者也可能在员工实际担任采购员时希望调整其薪资，但在调岗当时并未同步做出决定，而是若干月后希望 HR 部门配合按照采购员工资标准支付员工工资，这一操作可能会立即招致员工的反对，员工主张在调岗时并未发生薪资变化，且已履行数月，可见采购员职务可以按原薪资标准继续履行合同。

从以上问题可见，管理者执行任何岗位调整都应当有相应的痕迹，并辅以有关薪资、邮件签名、系统记录等多项记录的变更，以防双方就“是否已调岗”产生争议，为后续管理减少隐患。

二、调岗未说明原因

在企业管理实践中，管理者通常先对员工进行绩效评估，认定员工不胜任工作，而后向员工发出调岗通知书。管理者可能认为，通过这种时间上的先后顺序，即使调岗通知书中未说明原因，也能佐证公司实际上是在执行不胜任调岗。

显然，这种观点将时间先后顺序理解为因果关系，逻辑上并不能成立。笔者曾处理一起案例，员工因不胜任工作被要求多次改进，由于改进无果，管理者考虑对其进行岗位调整，管理者通过群发邮件的方式告知将该员工从 A 岗位调整到 B 岗位，将另一员工从 C 岗位调整到 D 岗位。发生争议后员工主张，彼时调岗涉及多人，并未注明原因，应当理解为公司出于业务需要而调整本人岗位，并非不胜任工作而调岗。此案以调解结案，但管理者的操作显然存在问题，其不应将个案的调岗并入整体推进的调岗安排中，给公司增加了风险。

因此，无论何种原因推进的调岗，管理者都需要加以说明。

三、调岗不具有合理性

在员工不胜任工作的情况下，管理者有权进行岗位调整，但具体安排至何种岗位，确定何种薪资报酬仍需要在个案中考虑合理性。一般认为，在劳动合同没有相反约定的前提下，不胜任调岗可以伴随职级调整和薪酬调整，以符合公平合理原则。但另外，管理者还需考虑职级下降的幅度、薪资调整的比例，如将销售总监调整为普通销售员，或超过 50% 的薪酬下降，则势必严重影响员工的利益，难以获得支持和认可。

管理者需要根据员工具有的知识、技能、经验为员工安排“力所能及”的职位，同时在符合同工同酬的大前提下合理调整员工的薪酬福利待遇。

四、调岗后未跟进职责调整和目标设定

管理者安排调岗的目的显然是促成双方劳动合同继续履行，在员工已经因为不胜任工作而被执行调岗的情形下，安排员工至新的岗位后如何安排培训、绩效考核就成为管理者必须面对的问题。如果调岗时只是明确了新的岗位名称，则完全不利于推进后续的绩效管理。

从便于后续管理的角度来说，管理者宜与员工明确新岗位的具体工作职责，同时通过邮件、书面等方式对员工进行具体工作目标的设定、工作任务的安排，为了帮助员工更好地适应新的岗位，管理者可以安排一定时间的培训帮助员工度过“过渡期”。

管理者需要知晓，如果员工的工作职责无任何变化，单纯的“变更岗位名称”“调整汇报关系”“职级的下降”“薪资的变化”都不足以认定为实施了调岗，管理者要避免以原岗位的要求继续考核员工，而必须在岗位调整后及时调整之前的目标设定，以符合公平合理原则。

员工拒绝职业禁忌调岗的处理

《职业病防治法》第三十五条规定，对在职业健康检查中发现有与所从事的职业相关的健康损害的劳动者，用人单位应当调离原工作岗位，并妥善安置。由此可见，对接触职业危害岗位的员工，如经健康检查已有损员工健康，则必须进行岗位调整，此系用人单位的权利，更是用人单位的义务。

案 例

职业禁忌调岗是否需要员工同意?

彭某于2014年入职某包装公司担任操作工。2018年9月，公司对彭某进行了职业健康检查。结果显示彭某“左耳听阈增高、右耳高频听损（重复性差）……其余所检项目未见明显异常”。2018年12月，直属上级通知彭某，鉴于其听力存在潜在的受损风险，决定将其调往没有噪声的安全协助员岗位，具体职责为与保安一起协助公司南门人员进行进出的管理，工资待遇不变。彭某收到调岗通知后既未至新岗位报到，也未至原岗位上班，而是每日滞留在公司走廊里，后公司给予彭某两次记过处分后解除劳动合同。双方就此发生争议。

庭审中，彭某主张公司调岗后无加班和加班费，个人利益严重受损，且安全协助员岗位是一个外包岗位，公司未履行协商一致原则强令本人接受调岗，违反了法律规定。包装公司则主张调岗是基于法律规定，且未降低薪资，应属合理范畴，彭某应当服从。

解 析

根据相关法律规定，对在职业健康检查中发现与所从事的职业相关的健康损害的劳动者，用人单位应当调离原工作岗位，并妥善安置。本案中，彭某的职业健康检查报告显示其存在听力问题。而彭某原所在车间有噪声，彭某在此环境下继续工作显然不妥，包装公司将其调整至无听力损害风险的安全协助员岗位之行为，系对彭某身体机能之保护，应属合理。然彭某虽正常上班打卡，但既不去新岗位工作，也不前往原岗位工作，而是坐在公司的走廊内，包装公司依据《员工手册》给予彭某两次记过处分，最终做出解除行为，并无不当。

结合上述案例，管理者在对存在职业禁忌的员工进行岗位调整过程中，还应避免如下误区。

一、允许员工在原岗位上工作

有管理者认为，如果公司没有其他岗位空缺，而员工又同意或坚持要求继续在原岗位任职，为了满足生产需要，可不执行调岗。这种观点无疑是错误的。根据《职业病防治法》的相关规定，如果安排已被诊断为职业禁忌症的员工继续在原岗位上工作，则卫生行政部门可对公司处以5万—30万元的罚款。故而管理者不应存在侥幸心理，即使员工同意继续在原岗位任职，仍然属于违法行为。管理者应主动和员工进行沟通，说明继续从事原岗位可能对其身体造成不可逆的伤害，力劝其服从公司的岗位调整决定。

还有些管理者认为，诊断报告刚刚收到，公司也在与员工积极协商换岗事宜，在这个“过渡期”内，允许员工继续在原岗位提供劳动应该没什么问题。显然，这种观点也是错误的。管理者应当立即让员工停止在原岗位的工作，而不是听之任之。

二、强制执行“调岗调薪”或“待岗”

员工被诊断为职业禁忌症后，公司合理的反应是与员工积极协商换岗事宜，但也有管理者认为，安排何种新的岗位肯定是基于岗位空缺执行，如果同时带来薪资的下降也不能视为公司过错，员工应当服从公司的调岗决定。该种理解失之偏颇，如果涉及薪资变动幅度较大的调岗，如工资由每月5000元调整至每月3000元，对员工利益影响甚大，应属于变更劳动合同范畴，需员工同意后方能执行。如果公司强制执行调岗，员工不予执行，公司径自以违纪解除，则很难得到司法机关的支持。

对于员工拒不接受调岗安排的情形，管理者宜分类处理。如果公司安排其他合适岗位，薪资不变，员工能够继续在新岗位履职但拒不执行，则可按不服从工作安排处理。如果公司安排的新岗位薪资下降，或者工作内容差异较大，但公司又无其他合适的岗位提供，此时建议和员工协商解除合同并依法支付经济补偿金。如果员工拒绝协商解除，又不能与公司就变更合同达成一致意见，公司可以劳动合同所依据的客观情况发生重大变化为由执行单方解除并依法支付经济补偿金。

有些管理者以无其他岗位为由通知员工“待岗”，即停止劳动回家休息，待岗期间支付最低工资标准，该做法如与员工协商一致亦可操作。但若针对职业禁忌症员工一人停工待岗，存在合理性争议，如员工申请仲裁，公司仍面临补发工资的风险。

三、调整用工方式让员工继续工作

有些管理者认为，如果员工被诊断为职业禁忌症，公司可以考虑与员工改变用工方式，如改为劳务派遣，同时变更劳动合同主体来解决法律风险问题。如此做法虽然导致员工劳动关系发生变动，即员工原劳动合同主体在 A 公司，现调整为 B 公司，但劳动关系的变更不影响员工仍然在该岗位上任职的事实。并且，员工的职业禁忌症并不因劳动关系的变更而自动消失，故公司仍属于违规操作。

管理者应当谨慎操作涉及职业危害的岗位调整事宜，避免给劳动者本人和公司带来双重风险。

第8章 外派管理

员工外派、调动、出差与变更工作地点

员工外派，是指公司因业务需要安排员工在较长时间内（一般超过六个月）到工作地以外的地区（包括到关联公司的办公机构）完成上级指派工作的情形。

员工调动，是指公司因业务需要安排员工前往关联公司（含分支机构）并为其长期提供劳动的情形。与企业内部调岗不同，调动通常带来劳动合同主体的变更，其工作岗位可能发生变化，亦可能不发生变化。

员工出差，是指公司因业务需要安排员工在较短时间内（一般不超过六个月）到工作地以外的地区完成工作的情形。

变更工作地点，是指经双方协商一致永久性调整员工工作地点的情形，对于异地外派可能同时伴随阶段性工作地点的变更（但仍存在调回原工作地点的可能性）。

表 8–1　外派、调动、出差与变更工作地点的对比

比较项目	外派	调动	出差	变更工作地点
劳动合同主体	不变	变 / 不变	不变	不变
工作岗位	不变	变 / 不变	不变	不变
工作地点	居家 / 客户 / 关联公司	关联公司	不确定	变更
额外费用	外派津贴	无	差旅报销	无
是否需协商	需要	需要	无须	需要

案　例

外派津贴引发争议

李某系深圳户籍，2005 年加入上海某技术公司担任技术服务工作，其劳动合同约定的工作地点在深圳。2012 年 6 月，李某的上级郭某给李某发了一封主题为“工作安排”的邮件，内容为“老李，按照原来的架构，你是华南区的主管，现在合并之后，需要你到华东工作，请尽快将现在手上的工作移交，具体安排由高经理负责。”李某则回复邮件，内容为“已着手准备退房，无线网卡销户，包装个人生活用品，托运到上海。我已订好火车票，有工作安排电话联系”。李某到达上海后，公司为其落实了租房问题，即每月为李某报销租赁费用。

2018年8月，李某向公司提出，要求按照公司政策给付外派待遇。经查，技术公司曾于2009年出台过《外派人员待遇规定》，该政策规定外派人员可享受住房补贴2000元/月，异地生活补贴1500元/月。李某据此向公司提出支付2012年6月至2018年8月的住房补贴和异地生活补贴。公司对此不予认可，认为李某实际并非外派人员，而是双方协商一致将李某的工作地点从深圳变更为上海，而且此后多年李某均未提出过待遇问题，再者公司也为其租赁房屋居住，李某要求支付住房补贴、异地生活补贴也不尽合理。双方就此发生争议。

解 析

本案例是一起因外派待遇引发的争议，案例中的李某认为其原工作地点在深圳，2012年按公司要求外派来上海办公，故其属于外派人员，应当享受公司的外派人员待遇。但是公司则认为李某的工作地点实际已发生变更，公司为其在上海提供住宿，李某不属于外派人员。对此应当指出的是，李某的上级郭某在2012年6月发送的邮件中并未指明李某前往上海工作的性质，即李某究竟是作为深圳工作的员工外派来上海，还是永久性地将工作地点变更为上海，邮件也未涉及李某来上海之后的具体待遇问题，导致双方发生分歧，作为管理者的郭某显然要为此次争议承担较大的责任。最后在仲裁委的主持下双方达成和解，由技术公司支付50%的异地生活补贴了结争议。

员工外派、调动、出差、工作地点变更都可能带来员工物理上的移动，但性质迥异，而且外派与工作地点变更存在概念上的交叉（外派可同时伴随阶段性工作地点的变更），如果沟通不清，则很容易产生争议。管理者在与员工沟通时要事先明确调整的性质，无论是单纯的工作地点变更还是外派，都应当与员工签署相应的协议，明确相应的薪酬福利条件是否发生变化。

员工外派带来员工工作地点、工作环境的变化，通常需要与员工进行充分的沟通，明确外派期间的薪酬福利待遇、公司提供的支持（如培训）等，在双方达成一致的情况下方可执行。而实际上，因为公司执行外派导致核心人才流失的情况十分常见，管理者首先应当清楚本地工作和外派工作之间存在巨大差异。

表 8–2 本地工作与外派工作的差异

本地工作	外派工作
容易平衡家庭和工作之间的矛盾	家庭和工作时间矛盾比较尖锐
工作氛围融洽	人生地不熟、情感交流生疏
工作方法、思路熟悉	需要重新开始摸索
适应本地文化、饮食、社交	需进行文化适应过程
没有后顾之忧	担心完不成任务

在外派实际执行过程中，有些员工因为无法照顾家庭而选择辞职，有些则认为没有新的发展机会，有些则无法适应当地风俗习惯等。管理者应当根据员工的实际情况确定是否执行外派以及给付何种特殊的福利待遇以满足员工需求。

同时，管理者执行外派还应避免如下误区。

一、强制安排员工外派

管理者如果与员工未进行任何沟通即强制安排员工外派，势必会给员工本人制造极大的心理压力，员工外派工作不仅涉及其个人对新环境的适应，而且涉及对其家庭生活的影响，家人是否支持等均成为员工考虑问题的主要方面。如果强制安排外派，即使员工迫于压力服从了外派决定，其在外派期间的工作效率势必受到严重影响，而且有部分优秀员工可能会选择辞职，公司白白流失了人才。

二、未对外派员工进行合理甄选

外派涉及新的工作环境、新的工作技能，派往境外的还涉及新的语言环境、文化风俗习惯，很多管理者可能认为安排员工外派是给员工“发展机会”，员工应当“欣然接受”，这种观点无疑是失之偏颇的。

每位员工对个人职业发展的计划、对未来挑战的承受力各不相同。并非平时表现优异的员工就一定能在外派期间做出更好的表现，外派涉及对员工个性、适应能力、积极性、各方面技能的综合评估，只有甄选最合适的人员外派，管理者才能达到培养人才、锻炼人才和完成外派工作的目的。

三、缺乏对外派人员的针对性指导和培训

外派多数情况下有利于员工职业技能的拓展，但安排合适的培训有利于员工尽快进入所需要的角色，比如对一些跨境外派人员设置合理的语言培训、文化教练等，有利于外派人员尽快融入环境。

与外派相关的另一个概念是“调动”，调动可能涉及劳动合同主体的变更，即员工与原劳动合同主体解除劳动关系，与另一主体重新建立劳动关系；也可能不涉及劳动合同主体变更，如关联企业之间为了调剂劳动力资源，将原来为 A 公司服务的员工安排至 B 公司，但员工的劳动合同主体保持不变。由于上述两种调动方式都极可能带来员工岗位的变化或工作地点的变化，极易发生混淆，引发争端。

案　例

一纸调令引发的纠纷

俞某系甲公司售后信息员，双方最后一份劳动合同期限自 2017 年 12 月 1 日至 2019 年 11 月 30 日，工作地点在龙吴路。劳动合同存续期间，俞某的上级主管朱某开具了工作调令函（落款日期为 2019 年 6 月 21 日），称因工作需要，将俞某调至乙公司配件部担任记账员工作。甲公司与乙公司均系独立法人，甲公司的股东为乙公司。

2019 年 7 月 2 日，甲公司向俞某邮寄一份书面通知，称：“甲公司俞某，现因公司业务经营的需要，你原从事的岗位予以撤销，现公司通知你即日起到乙公司人事部报到。”俞某未至乙公司工作。甲公司为俞某缴纳社会保险费至 2019 年 6 月，次月起由乙公司为俞某缴纳社会保险费。后俞某提出仲裁申请，要求甲公司支付违法解除劳动合同的赔偿金，获支持。甲公司不服，诉至法院。庭审中，俞某主张甲公司要求其到案外人乙公司报到，且中断了本人的社保，显然是已经做出了辞退的意思表示。而甲公司则认为，调令只是关联企业之间的劳动力调剂行为，要求俞某去关联公司报到只是一种内部调动行为，不改变劳动合同主体。

解　析

本案的争议焦点在于朱某向俞某发出的调令到底是解除劳动关系的意思表示，还是变更员工的服务对象和工作内容（但不改变劳动合同的主体）。从调令内容本身而言无

法得出解除劳动合同的意思表示，但甲公司擅自变更俞某的社保缴费主体容易让员工联想到已被“退工”，劳动关系同步解除。本案一审法院认为，现有的证据也反映不出俞某同意甲公司调动工作的意思表示。因此，甲公司要求俞某至乙公司工作，系甲公司单方面的行为，该行为实质是解除与俞某的劳动关系，因解除行为违法，甲公司应承担支付俞某赔偿金的法律责任。但二审法院认为，劳动合同解除，必须有解除行为。解除行为可以是当事人双方的行为，即当事人双方协商解除劳动合同，也可以是当事人一方的行为，即依劳动者一方或者用人单位一方的意思表示而解除。根据本案查明的事实，甲公司向俞某做出的意思表示为将俞某从甲公司的售后信息员岗位调至乙公司配件部担任记账员工作。因此，甲公司并没有向俞某做出解除劳动合同的意思表示，只是调动了俞某的工作岗位，一审法院认定甲公司的行为实质是解除与俞某的劳动关系有误。

此案虽然以员工败诉而告终，但公司执行调令时未经员工同意随意调整社保缴费主体，未明确劳动关系主体是否变更也是导致争议的重要原因。尽管关联企业之间为了调剂劳动力或者集中行使人事管理权，要求员工在不同单位之间进行工作内容和工作地点调整的情况十分常见，但管理者仍然需要做好相应的沟通，明确劳动合同主体是否发生变化、薪酬待遇是否发生变化等，以避免争端。

管理者执行调动过程中，需要避免以下误区。

一、认为所有调动都无须员工同意

有些管理者认为，只要是同一集团内的企业，员工均应无条件服从公司安排。实际上，如果调动同时带来劳动合同主体的变化，如由 A 公司变更为 B 公司，则无论员工的工作内容、工作地点、工作时间、工资报酬等有无有利或不利的变化，均需严格执行协商一致原则，对员工拒不同意与其他公司签订劳动合同的行为，公司不能实施纪律惩戒。

对于不涉及劳动合同换签的情形，需考虑调动是否带来对员工工资报酬、工作内容的较大改变，如果相应的调整能满足必要性、合理性原则，对员工利益未有明显的减损，在充分履行沟通义务后，员工需服从公司的安排。

二、员工调动未签署任何书面文件

与企业内部调岗不同，员工调动会带来服务对象的改变，员工是否执行新公司薪酬福利制度，是否需遵守新公司的规章制度有待进一步确认，出于成本转移的因素，企业还可能希望将员工的社保关系、个税关系转移到新的主体，这些细节势必需要和员工仔细沟通。

无论是否涉及劳动合同主体的变更，企业均应在相应的书面文件中明确员工的劳动关系归属、规章制度的适用范围、薪酬福利的适用标准、员工的工作职责调整等内容，以最大限度减少分歧，为后续管理做好铺垫。

三、调动后未注意合同到期后的处理

员工调动往往发生在劳动合同履行期间，多数情况下可能发生员工工作汇报关系改变的情况，如员工原来向A公司的王经理报告工作，调动到B公司后向李经理报告工作，但员工仍然与A公司维持劳动合同关系。在该员工调动工作并未结束但劳动合同已经到期时，则极容易产生“真空状态”，即A公司未及时与员工续签劳动合同，事后员工主张与B公司建立了事实劳动合同关系，进而主张劳动法上的各项赔偿。

在执行调动之初，管理者宜事先审查员工的劳动合同期限状态，避免合同逾期的情况。

跨境委派的人才流失困境

全球化已成为众多行业领先企业的战略目标之一，越来越多的国内企业通过“走出去”力图获得成本优势、海外市场以及全球顶尖人才。在此背景下，派遣中国籍员工前往海外工作的现象愈加普遍，而跨境委派所涉及的相关法律和管理问题也值得管理者高度重视。

案 例

海外派遣工作能否设置服务期?

王某于2007年11月入职某物流公司，担任采购职位。2014年9月23日，双方签订《海外派遣合同》一份，期限自2014年10月1日至2017年9月30日，派遣地为美国公司，约定将王某派往美国公司，派遣属于集团内调动，相关签证、出国手续均由国内公司承担，派遣期间工资由美国公司支付。合同同时约定了五年服务期和五万元违约金。2018年4月8日，王某提出辞职，后物流公司申请仲裁，要求王某支付五万元违约金。

庭审中，王某主张虽然双方派遣合同中明确约定了服务期和违约金，但该约定违反了法律规定，因其系受集团指派前往境外工作，公司并未提供专项技术培训，不属于可以约定违约金的情形。物流公司则主张专项技术培训不仅包括脱产培训，也包括在具体岗位上的能力培养，王某前往美国公司提供劳动，其语言能力、工作技能等均得到了提高，公司也为此付出了各类签证费、交通费、住宿费等超过5万元，王某从中获益却又不履行承诺，显然有失诚信，其应当承担违约责任。

解 析

根据相关规定，用人单位为劳动者提供专项培训费用，对其进行专业技术培训的，可以与该劳动者订立协议，约定服务期。本案的争议焦点在于物流公司安排员工在境外关联公司提供服务是否属于“专项技术培训”范畴。从双方签署的协议来看，双方签署的是《海外派遣合同》，公司虽也举证了相关签证等费用，但未涉及直接的培训费支出。另外，公司在《海外派遣合同》中也未提及具体如何执行培训，故仅凭《海外派遣合同》和相关费用支付凭证难以证明公司对王某实施了专项技术培训，且从海外派遣的目的来看，王某实际是集团内调动，其继续从事采购工作，而非前往境外接受培训。故最终仲裁委未支持公司的诉请。

上述案例中，企业不仅未能获得相应的损失赔偿，而且白白流失了人才。实际上，中国企业执行海外派遣项目时最大的困境仍然是人才保留问题。根据《全球迁调趋势调研报告》，2008 年至 2012 年这五年间，跨国公司外派人员在回任后两年内离职的平均比例高达 55%，外派人才流失现象十分严重。研究表明，员工外派回任后常常感到很沮丧，因为他们的外派经验既没有被使用，也没有被分配到适合他们技能的岗位。可见，做好外派人员的回任管理至关重要。

有研究[①]指出，有 63% 的回任员工认为前程发展和就业问题是最在意的方面，回任员工所遇到的问题多数与工作本身有关。回任后失去工作上的地位、工作自主权，甚至被降职，严重影响回任员工的再适应。所以企业执行海外派遣时应将重点放在回任后的工作安排上。如日本本田公司在外派员工任务完成前六个月，公司总部即开始考虑外派员工的再安排问题，以寻求与外派员工能力相匹配的职位。同时，还为外派任务完成后回国的员工举行欢迎会暨报告会，一方面对外派员工的工作成绩表示尊重和肯定，激发其对企业的忠诚感；另一方面则期望从外派工作中获取经验或教训。由于本田公司制定了一体化的外派人才发展战略，外派任务完成后回任员工的离职率低于 5%。[②]

当然，在派遣前期，管理者也需要和拟外派员工做好相应的沟通，明确未来回任的标准、潜在的岗位安排、职业规划等。通常，外派人员普遍关注的问题包括：更倾向于接受短期的海外派遣，个人及家属的安全、福利和健康，跨文化适应，外派期间的绩效考核、薪酬福利，回任安排等。

此外，海外派遣员工的境内劳动合同如何处理也是双方普遍关注的问题，目前主要有两种模式：

---

① Forster,Nick.,The Forgotten Employees? The Experiences of Expatriate Staff Returning to the UK, Journal of International Human Resource Management,1994,May,5（2）:405–425.

② 刘川：《企业外派员工回任的困境与突破路径》，载《中国人力资源开发》2010 年 3 月号（总第 237 期）。

1. 保留劳动关系。员工与境内用人单位的劳动合同仍然继续履行，但境内公司只是继续缴纳社保和公积金，并支付较少劳动报酬，境外劳动报酬则由境外公司支付。

2. 中止劳动关系。外派员工与境内用人单位中止境内劳动合同的履行，由境外公司与外派员工签订合同、办理相关的就业许可并履行相应的合同义务。

第一种模式更有利于外派员工的权益保障，是多数企业的共同选择。但是公司执行境外派遣需要明确员工与境内公司、境外公司之间的权利义务关系，包括薪酬支付、社保缴纳、交通、探亲、税收等。

显然，执行海外派遣是一项系统工程，有赖于企业建立真正的国际化人才战略，根据企业实际情况建立专项的海外派遣计划并跟进执行，包括：

1. 定义海外人才派遣的实施目标；

2. 选拔和培养国际化人才（如选用高潜力人才、高绩效人才）；

3. 优化派驻前的支持（保险、安全、交通、语言和跨文化适应培训、设计沟通方案）；

4. 优化派驻中的管理和支持（如配备导师）；

5. 优化回任机制（包括回任后的晋升、薪酬福利提升等）；

6. 跟踪和监控海外人才派遣计划的实施。

在家办公的管理风险

基于业务拓展的需要或成本控制的考量，员工被派驻外地或者居家办公的情况愈加普遍，传统的会议、面谈等都可以通过互联网方式进行，而邮件、公司网络系统等亦可借助技术支持正常使用，故而很大程度上员工在家提供劳动与现场办公并无二致。但是，居家办公在办公条件、沟通便利性等方面和现场办公仍有所区别，特别是居家办公这种方式本身是否涉及员工工作地点的变更，管理者如何有效实施工作管理仍然是十分重要的话题。

案 例

取消在家办公是否需要员工同意？

张某于2006年入职某技术公司担任工程师一职，双方签订的劳动合同约定张某执行标准工时制，工作地点在上海。2006年至2008年10月，张某一直按照传统模式在办公室上班。2008年10月，技术公司根据工作需要，把张某的工作方式从坐班制改成移动居家工作方式。后张某一直居家办公并主要通过邮件、网络系统等方式向直属上级报告工作。

2014年10月11日，张某的直属上级李某向张某发送的邮件中提及：在最近几个月，我们发现您有多项违反包括《员工手册》在内的内部规章制度及不胜任工作的行为，包括但不限于……为了帮助您更好地完成工作，公司决定取消您的移动工作状态，要求您从2014年10月13日开始在工作时间按时到您所在的上海公司办公室上班（上班时间为周一到周五上午9点到下午6点，其间包含1小时午餐时间）。如果有任何特殊情况不能按时到公司上班，需要提前得到经理的批准，否则将视为缺勤处理。张某收到邮件后未予执行，后经李某多次催告提醒，张某仍未到办公室办公。2014年11月19日，技术公司解除了张某的劳动合同。张某就此申请仲裁。

庭审中，张某主张其工作地点已通过实际履行方式调整为“家庭住址”，公司如需调整为办公室工作，属于工作地点变更，需协商一致，自己未到办公室报到属于对公司单方变更工作地点的抗拒，不属于违纪行为，此外，自己一直通过邮件提供劳动，不存在旷工行为。而技术公司则主张取消张某在家办公属于企业自主权，也不违反劳动合同约定，张某经多次催告未到岗，严重违反了劳动者的基本义务，公司据此解除劳动合同不存在任何不妥之处。

解 析

本案争议焦点为技术公司取消张某在家办公是否构成劳动合同的变更。从双方劳动合同约定角度来看，张某与技术公司最初约定的工作地点为“上海”，未明确“居家移动办公”，故公司取消在家办公尚不构成对劳动合同约定的违反。此外，张某曾有一段时间在办公室现场办公，可见其劳动合同可以正常履行，不存在上班困难，故张某能够履行劳动合同而拒不履行，不服从公司合理安排，且经多次催告仍未执行，应当承担不利后果。最终法院审理后认为，劳动关系中，用人单位享有合理行使用工管理的权利，劳动者负有接受用人单位合理管理行为的义务。技术公司将张某的工作方式从移动办公方式调整为坐班制方式，系管理模式的改变，并不属于劳动合同内容的变更，管理模式的改变属于技术公司用工管理权范畴，无须征得张某同意，张某应当服从。张某未按照公司要求的时间至公司上班，旷工天数超过三天，技术公司认定张某的行为已达到严重违纪程度的抗辩意见证据充分，法院予以采纳。

上述案例虽然以张某败诉而告终，但假如管理者在第一次通知张某居家办公时能够提前言明，公司可根据需要取消员工在家办公，想必后续发生争议的概率会极大降低。

实际上，很多管理者对居家办公所导致的各类管理风险预估不足，未能在安排之前事先明确相关规则，为双方事后潜在的争议埋下隐患。根据笔者的经验，管理者在实际安排员工居家时需要考虑以下因素：

1. 居家办公的期限，以及管理者有权随时终止居家办公；

2. 居家办公是否导致薪酬福利条件的变化，如是否取消车辆补贴、交通津贴等，需要事先予以明确；

3. 居家办公的考勤方式如何执行，是微信考勤还是提交工作日志以及未考勤的处理规则等，管理者应当结合公司已有规章制度和业务特点进行明确；

4. 居家办公的工作时间统计方式，加班申请的执行方式和核对方式；

5. 居家办公的休假问题，包括如何办理休假审批手续，如何提交相关材料，休假期间是否允许继续工作等；

6. 居家办公期间的工作要求，包括参加会议、接听电话、提交工作日志等；

7. 居家办公的基础设施确认，如笔记本电脑、VPN、办公软件、电话会议设备、扫描打印设备等以及上述设备的费用承担（是自费还是公司报销）；

8. 信息安全管理，如居家办公期间如何控制数据安全风险，各项保密措施如何执行；

9. 外出拜访客户的管理，如何申请及费用报销流程；

10. 居家办公的事故伤害管理，如工伤的判定规则和报告义务、私自外出遭遇事故伤害或给第三方造成财产损失和人身伤亡的处理等。

显然，居家办公不应凭管理者主观喜好任意为之，应遵循一定的条件和程序，如对绩效欠佳或者正在执行绩效改进计划的员工不得安排居家办公；居家办公应完成相应的审批手续等。管理者要充分发挥居家办公对人才的激励作用，但同时要预防和避免其中的风险和漏洞。

第9章 特殊员工管理

工伤员工的管理

员工工伤，是指员工在工作中发生事故伤害的情形，根据《工伤保险条例》等有关规定，工伤还包括以下情形：

1. 员工被确诊为职业病；

2. 员工于上下班途中发生非本人主要责任的交通事故；

3. 在工作时间和工作岗位，突发疾病死亡或者在48小时之内经抢救无效死亡的。

工伤可能导致员工持续缺勤，对管理者在团队内的工作部署造成重大影响。然而，管理者也必须注意与工伤有关的风险，同时正确对待工伤员工的后续管理。

案　例

对工伤员工能否违纪解除?

庄某于2005年进入某公司担任操作员职位，2016年8月29日膝盖受伤，受伤后一直没有治疗，持续提供劳动至2017年7月16日。2017年7月17日至7月26日，庄某因膝半月板撕裂在医院住院治疗九天。由于庄某此后未提供劳动，公司于2017年8月19日以多日旷工为由解除了庄某的劳动合同。后双方就此发生诉讼争议。

庭审中，庄某主张根据当地的规定，其应该享受四个月停工留薪期，公司直接违纪解除劳动合同显然违反了法律规定。公司则主张工伤停工留薪期应从受伤之日起结算，庄某受伤后四个月内继续提供劳动，停工留薪期已经届满。

解　析

员工工伤可依法律规定获得相应的停工留薪期，停工留薪期内员工停止工作接受治疗或遵医嘱休息，无法认定为旷工。本案中，庄某虽在发生事故后继续提供劳动，但不应理解为其丧失了停工留薪期权益，其在事后获得诊断治疗应当从实际停工日起计算停工留薪期，公司直接以旷工解雇明显与法律规定相悖。

从上述案例可见，员工如发生工伤的，应根据地方法规确定其可否获得停工留薪期。在停工留薪期以内，用人单位应正常支付报酬，而不能做出无故缺勤的处理。

此外，管理者在员工发生事故伤害过程中，应避免以下管理误区。

一、未及时报告员工发生的事故

根据相关法律规定，如用人单位在员工发生事故后未能在一个月内申报工伤的，则所发生的费用由用人单位承担。如员工上班途中发生交通事故导致腿骨骨折，向上级主管报告请假事宜。上级主管按普通病假处理，也并未告知公司人力资源部门，后员工向劳动部门要求申报工伤，但彼时已超过法定时限，即使公司依法为员工缴纳了工伤保险费，有关工伤待遇仍可能要求由用人单位支付。

管理者需要对员工的请假事项进行主动沟通了解，如确实因工发生或者其他符合工伤情形的，应立即向公司人力资源部门报告启动工伤申报程序，以免给公司带来损失。

二、对员工停工留薪期缺乏管理

员工发生事故之后，应及时管理员工的停工留薪期，有些地方会出台停工留薪期目录规定各类伤情所需要的停工留薪期，有些则由劳动行政部门进行鉴定，有些则根据医疗机构的诊断意见进行判断。如涉及法规明确规定的，则按法规规定执行即可；如需要鉴定的，则应通知员工及时鉴定；如涉及医疗机构诊断的，则可要求员工提供相关诊断材料、休息建议等。

根据《工伤保险条例》有关规定，无论何种确定方式，停工留薪期一般不超过 12 个月，如 12 个月仍未治愈，则应安排员工办理延长停工留薪期确认手续，如劳动部门确定不能延长的，员工应返岗工作。对于无正当理由拒绝配合劳动能力鉴定的情形，公司可按规章制度进行处理，以避免员工通过拖延鉴定“小伤大养”。

三、工作安排缺乏合理性

工伤员工经劳动能力鉴定最终结果可能为 1—10 级或没有等级，其中 1—4 级为完全丧失劳动能力，此时管理者无法给员工安排工作，用人单位应继续履行劳动合同至法定退休年龄达至，其间由工伤保险基金给付伤残津贴。

对于劳动能力鉴定结果为5—6级的情形，属大部分丧失劳动能力。比如，员工手掌因工伤而截肢，安装辅助器具后仍可安排一些合适的工作，如照看仓库等。对于确实符合复工条件，且工作安排不具有惩罚侮辱性质的，员工应服从安排，否则用人单位可停发伤残津贴。

“三期”员工的管理

“三期”，是指女员工处于“孕期、产期、哺乳期”的情形。根据相关法律规定，“三期”女职工受到相应的特殊保护，包括不得安排在“三期”内禁忌从事的劳动岗位（如高温、低温、井下、有毒有害）、怀孕7个月以上和哺乳期内不得安排加班和夜班、产前检查计入劳动时间等。管理者应当注意相应的管理手段，不得与国家法规相抵触。

案 例

哺乳期员工因路途遥远申请集中休假，用人单位是否应当批准？

宫某于某食品公司担任会计职位，2008年7月1日，公司营业地址由市北区迁至城阳区。宫某属高龄孕妇，产假到期日为2010年9月4日。由于从家庭住址到单位路途较远，需乘坐公交转车到达，在途时间4个多小时，无法利用哺乳假进行哺乳，宫某在产假到期前向上级申请事假至哺乳期结束。直属上级未予批准宫某的假期。后公司多次催告宫某返岗未果，于2010年10月11日解除了宫某的劳动合同。宫某申请仲裁要求食品公司承担赔偿责任，后不服仲裁裁决起诉至法院。

庭审中，宫某主张其有权享受每工作日1小时哺乳时间，但因路途遥远无法执行提前1小时下班或延迟1小时上班的休息方式，故申请集中休假，其本人并无旷工的故意。食品公司则主张公司并无批准长期事假的义务，宫某只能申请1小时的哺乳时间。此外公司可以提供住宿，宫某可与子女一起入住或租住房屋解决哺乳问题。

解 析

本案表面上属劳动合同解除合法与否争议，实为食品公司该如何保障宫某哺乳时间的问题。宫某因公司搬迁导致路途遥远系不争的事实，该种情形下宫某合理使用哺乳时间确实存在一定的困难，宫某集中申请事假固然是其主张的解决方案之一，食品公司并无必然应允的义务，但食品公司需要承担起女职工劳动保护的法定职责，进一步与宫某沟通哺乳时间的具体使用方式，如是否可以分段集中使用哺乳时间（如 8 个小时哺乳时间折算 1 天带薪缺勤），而非简单粗暴地否定宫某的提议。食品公司否决宫某的事假申请后并无其他替代措施保障宫某的哺乳时间休息权，故其未能承担法定义务，应视为公司违法解除宫某劳动合同。本案再审法院判决认为，食品公司简单地以宫某旷工为由解除合同，既缺乏人性化管理，也违反了法律规定。

由于女职工“三期”的特殊性，管理者在推进相关管理措施时既要考虑合法合规，也要考虑合情合理要素，如安排“三期”女职工出差，虽无明确的法律规定禁止，但也势必导致员工在生活便利、子女抚养方面的困难，处理不当也可能导致劳动争议并由用人单位承担不利的后果。

管理者在“三期”女职工的管理过程中，需要注意以下事项。

一、严格遵循国家法律规定的女职工保护措施

根据相关法规，用人单位应当在以下方面遵循女职工保护义务：

1. 不安排“三期”女职工从事禁忌劳动岗位（详见《女职工劳动保护特别规定》）；

2. 不安排怀孕 7 个月以上的女职工从事夜班或加班劳动；

3. 不安排哺乳期内的女职工从事夜班或加班劳动；

4. 保障女职工产前检查的权利，产前检查次数和时间遵医嘱且视为正常出勤；

5. 保障哺乳期内女职工每工作日 1 小时哺乳时间；

6. 女职工在孕期不能适应原劳动的，根据医疗机构的证明，予以减轻劳动量或者安排其他能够适应的劳动；

7. 保障女职工产假、延长生育假权利。

二、合理行使有关工作时间、休息、工作布置的管理权

基于“三期”女职工的生理特点，在履行工作职责、服从公司各项管理措施时可能存在一定的困难，即使法律无明确规定，管理者也应从合理性角度把握管理的尺度。比如，临近预产期的孕妇从事长时间站立式工作显然有损孕妇健康，管理者宜做出工作内容或工作时间上的合理调整，将对女职工的影响降到最低限度。

如女职工因病需要休假，管理者也应承担更多的沟通责任，如孕期女职工未能及时提交病假单，管理者应给予合适的补正时间，而非直接做出违纪处分。当然，对于“三

期”女职工，管理者并非放弃管理，完全纵容员工违反公司的各项规章制度，只是在具体事项中给予更多的宽容。

三、审慎处理“三期”女职工的“弃权行为”

在实际管理过程中，有些女职工愿意自动放弃部分权益，比如，新入职的“哺乳期”员工承诺放弃其1小时哺乳时间。对于该行为是否有效，笔者认为，女职工劳动保护属于劳动基准范畴，不应允许双方通过协商一致的方式予以排除。如女职工事后反悔要求继续执行劳动保护义务的，用人单位不能以事先约定予以“免责”。此外，如果因此给女职工造成身体伤害的，用人单位还需承担损害赔偿责任。

再如，一些处于产假的女职工向管理者报告“其将在家办公”，此时如果管理者不置可否，就可能产生是否额外提供劳动的争议，除由生育保险基金给付生育生活津贴外，用人单位是否应当额外支付一倍工资就容易发生争议。实际上笔者也曾处理过一起类似案例，虽然最终员工败诉，但公司也为此付出了极大的诉讼成本。因此，在女职工“三期”期间，员工的一些弃权或额外付出的行为，管理者宜明确反对，或者就有关事项事先明确权利义务，以避免潜在的纠纷。

重症员工的管理

员工患病特别是身患重病，往往给家庭带来极大的冲击，员工收入减少而支出增加，通常需要企业给予额外的关心和照顾。当然，企业也并非福利机构，需要控制成本，把握内部公平，在特殊情形下恰当处理也并非一件易事。

案　例

×× 公司暴力裁员风波

2019 年 11 月 24 日，一篇题为《×× 公司裁员，让保安把身患绝症的我赶出公司。我在 ×× 亲身经历的噩梦！》的网文迅速发酵。根据该网文爆料，在当事人绩效并不差的情况下，×× 公司强行要求该名患绝症的员工离开公司，并威胁该名员工，如果要求裁员补偿会对员工未来产生不利影响。多轮周旋后，该名员工被保安强行赶出公司。

2019 年 11 月 25 日上午，×× 公司对此事做出回应，称 2019 年 3 月底，这位前同事的主管因绩效原因向其提出解除劳动合同，文章展示的“业绩排名”，实际上为工作量排名，不完全反映工作质量。经复核，其绩效不合格。该主管并没有充分尽责地了解员工的患病情况。在员工申请的三个月病假期间，公司按时发放了病假工资，并在 2019 年 9 月 19 日一次性给予其“N+1”的补偿。×× 公司承认，相关人员确实存在简单粗暴、不近人情等不妥行为，“我们向这位前同事和他的家人，以及因此受到影响的同事和公众致歉——对不起，我们做错了”。

×× 公司另称：“这次事件是对我们的一次警醒，公司将重新审视自己。除进一步优化内部人才发展机制、改善员工关怀体系外，还将建立对离职员工的沟通及关怀平台，关注昔日战友的成长，分享公司发展的点滴。”

解　析

×× 公司暴力裁员风波最终以双方当事人达成和解协议而告终，但该起事件体现出管理者对于重症员工的管理存在若干值得反思的方面。

首先，管理者对员工的绩效判定缺乏客观证据，也缺乏充分的沟通。上级主管在2019年3月对员工进行绩效评估，结果为不合格。该结果事后被证实是依据工作量而非实际业绩表现，难以令员工信服。

其次，在员工提出绩效复议之前，管理者就申请了解除劳动合同程序，此后又陆续与员工协商解除事宜，程序上也存在显失公正之处。通常，员工的绩效问题还没沟通清楚就贸然进行劳动合同解除的沟通极易导致员工的抵制。

最后，×× 公司对患病员工的协商解除方案是 N+1，与普通员工并无区别。对于身患重病的员工而言，赔偿方案缺乏合理性和公平性，实际上即使以员工不胜任单方解除劳动合同，×× 公司给付的补偿也不应低于 N+1，何况员工处于医疗期内，×× 公司以不胜任为由解除劳动合同也不符合法律规定。后期 ×× 公司提出正常支付工资至合同到期的方案仍然遭到了员工的反对。

从管理者角度，面对员工身患重症的情况，需要避免以下管理误区。

一、对重症员工的绩效评估缺乏充分沟通

员工患重症势必导致长期缺勤，其工作产出也会受到影响。而员工的绩效评估结果往往与加薪、职务晋升、奖金发放挂钩，如果管理者只是因为员工缺勤而对员工做出低绩效评价，往往难以获得员工认同。如何评估缺勤对绩效评价的影响？如果公司制定了明确的规章制度，确定出勤率在绩效考核中占有一定的指标，则管理者依据规章制度执行并无问题。但如果制度未规定，管理者需要考量是否就员工正常出勤时间段的表现做出评估。

由于重症员工常在家休息，管理者的评估结果无法通过面谈等方式告知，但并不代表管理者可以放弃沟通责任。管理者除适时关心重症员工的康复情况外，对绩效评估的程序、结果也可以提前通过电话和邮件进行沟通，表明公司对该员工的评价依据、过程等。

二、对重症员工的管理方式缺乏弹性

实际上，有些员工的重症需要静养，但也并非完全不能提供任何劳动，如果管理者和员工能够充分沟通，探讨员工从事少量劳动的解决方案，如安排一部分时间居家办

公，公司则在病假工资基础上额外给付一部分劳动报酬，一方面增加了员工的收入，另一方面又能满足业务需求，在某种程度上实现双赢。

管理者宜与员工主动沟通，询问其病情状况、预期的康复时间以及病假期间可否适量从事部分劳动等，争取达成双方均满意的方案，而非只是“要么上班，要么休假”的绝对化处理手段。

三、未审慎处理员工的劳动合同解除事宜

实际上，员工患病期间十分忌讳被约谈劳动合同解除，因为患病涉及医保支付，员工希望继续存续劳动关系，以最大限度降低医疗费支出。考虑我国劳动法对重症员工也有相关医疗期的规定，如员工患癌症、瘫痪、精神病等，上海、江苏等部分地区执行 24 个月医疗期，意味着在员工法定医疗期内用人单位不得执行无过错解除劳动合同，即使劳动合同到期的，也应顺延至相应情形消失。

管理者不宜在员工医疗期内就主动发起关于协商解除劳动合同的讨论，除非患病员工主动提及，实际上公司无法执行单方解除劳动合同，达成协商解除的难度也极高。但如果员工医疗期已经届满，则管理者可以询问员工是否能够及时返岗或者安排其他工作，如果都不能满足的，则可以考虑协商解除劳动合同。如果协商解除，公司也可以从人性化角度额外给予一定数额的医疗补助金等。如果双方协商解除不能达成一致，用人单位也可依据法律规定解除劳动合同。

涉传染病员工的管理

员工患病，多数情况下可以根据自己的身体康复情况决定休息时间以及是否向公司披露。但如果员工身患或疑似患传染病，则不仅影响其他同事的身心健康，也关乎公众利益，根据《传染病防治法》的规定，员工有如实向单位和疫情防控部门主动报告的义务，如隐瞒病情导致传染病扩散，员工除需要承担损害赔偿责任外，可能还需要承担刑事责任。

案 例

安排艾滋病患者离岗休息是否合法?

2012年9月1日，郑某入职广州某食品检验所，任技术研发部检验员职位，为合同制非在编职工。双方共签订了四次劳动合同，最近一期劳动合同期限至2016年8月31日。

2015年10月，郑某参加了单位组织的招录事业单位编制人员考试，顺利通过笔试、面试，但郑某在体检中被检查出“HIV抗体阳性”。因此，食品检验所依据《传染病防治法实施办法》第十八条[①]的规定，要求郑某从2015年12月21日起“离岗休息”，单位在郑某离岗休息期间向其正常发放工资待遇。郑某不服，于2016年4月向广州市劳动人事争议仲裁委员会提请劳动仲裁，要求裁决确认用人单位做出的“离岗休息”决定违法，请求立即恢复其原岗位工作。仲裁委员会裁决驳回郑某的仲裁请求，郑某不服，向广州市白云区人民法院提起民事诉讼。

案件审理过程中，郑某主张其所患艾滋病不属于传染病，公司单方取消员工劳动权利不合法，且涉嫌就业歧视。食品检验所则主张公司放弃员工提供劳动并无不妥，公司

① 《传染病防治法实施办法》第十八条规定，对患有下列传染病的病人或者病原携带者予以必要的隔离治疗，直至医疗保健机构证明其不具有传染性时，方可恢复工作：（一）鼠疫、霍乱；（二）艾滋病、病毒性肝炎、细菌性和阿米巴痢疾、伤寒和副伤寒、炭疽、斑疹伤寒、麻疹、百日咳、白喉、脊髓灰质炎、流行性脑脊髓膜炎、猩红热、流行性出血热、登革热、淋病、梅毒；（三）肺结核、麻风病、流行性腮腺炎、风疹、急性出血性结膜炎。

正常支付报酬并未损害劳动者利益。

解 析

本案的争议焦点为食品检验所依据《传染病防治法实施办法》第十八条做出的离岗休息决定是否侵犯了郑某的合法权益。虽然《传染病防治法实施办法》第十八条确实曾规定艾滋病属于传染病范畴，但其上位法《传染病防治法》于 2004 年进行了修订，新修订的《传染病防治法》中并未再将艾滋病列入需“隔离治疗”范畴。考虑艾滋病现阶段无法治愈，故而要求郑某完全治愈后方可上班显然不合情理。因此，食品检验所的离岗休息决定确实排除了郑某的劳动权利，应给予否定评价。

该案二审法院认为，根据现行法律法规、其他规范性文件及行业要求，均未禁止艾滋病毒感染者从事食品检验工作。用人单位认为郑某不再适宜继续工作缺少法律依据。此外，用人单位关于郑某可能会发生职业暴露感染他人这一理由，实质上将艾滋病毒感染者拒之于就业大门外，不符合现行法律法规、政策强调保障艾滋病毒感染者合法就业权益的基本立场。此外，虽然艾滋病毒尚未被人类攻克，但艾滋病毒的传播渠道是相对特定的，也是完全可以预防和控制的。艾滋病毒感染者、艾滋病人的合法就业权益应当受国家法律的平等保护。国家卫生行政主管部门认为，目前艾滋病不属于需要隔离治疗的传染病，我国艾滋病免费抗病毒治疗坚持自愿原则，所有感染者和病人开始治疗前均需签署知情同意书，不强制实施。早在 2004 年修订《传染病防治法》时，艾滋病已被归类为乙类传染病，无须隔离治疗。《传染病防治法实施办法》第十八条关于艾滋病毒感染者及艾滋病人需要隔离治疗的规定已经被修正。用人单位依据《传染病防治法实施办法》第十八条的规定要求郑某离岗休息的理由不能成立。

从上述案例可见，员工患传染病并不代表其完全丧失劳动权利，只有在相关法规明确规定需隔离治疗或者政府发布相关通知按甲类传染病管制时（如 2020 年新冠肺炎虽然属于乙类传染病，但按照甲类传染病进行管制），用人单位方可要求其隔离治疗，待完全康复后提供劳动。

管理者在处理类似问题时，应当注意以下事项。

一、准确把握传染病的范围和类型

根据相关法规，传染病主要包括如下病种。

1. 甲类传染病：鼠疫、霍乱。

2. 乙类传染病：传染性非典型肺炎、艾滋病、病毒性肝炎、脊髓灰质炎、人感染高致病性禽流感、麻疹、流行性出血热、狂犬病、流行性乙型脑炎、登革热、炭疽、细菌性和阿米巴性痢疾、肺结核、伤寒和副伤寒、流行性脑脊髓膜炎、百日咳、白喉、新生儿破伤风、猩红热、布鲁氏菌病、淋病、梅毒、钩端螺旋体病、血吸虫病、疟疾。

3. 丙类传染病：流行性感冒、流行性腮腺炎、风疹、急性出血性结膜炎、麻风病、流行性和地方性斑疹伤寒、黑热病、包虫病、丝虫病，除霍乱、细菌性和阿米巴性痢疾、伤寒和副伤寒以外的感染性腹泻病。

对于可以治愈的传染病，公司可强制要求员工病假休息，治愈后方可复工。

二、遵循国家管制措施，合理采取管理措施

在传染病集中暴发时期，国家和地方会出台具体防疫防控措施，如在2020年年初的新冠肺炎疫情防控期间，多地出台延迟复工规定，管理者需要配合履行相关防疫防控职责，不得安排员工提前复工，如确实需要复工的，应当履行相应的审批备案手续。

对于因疫情无法及时复工的情形，管理者可以通过安排员工在家办公、提前预支年休假、提前使用年度休息日等方式，对工作时间和工作任务执行灵活部署。对于被政府采取隔离措施的员工，则需要正常支付劳动报酬。

三、体现人文关怀，避免就业歧视

对于一些特殊的疾病或病症，如前述案例提及的艾滋病，管理者应当给予合理的包容，尊重和保护其人格、尊严及正当权利，这不仅是企业履行法定义务的表现，也是管理者承担管理职责、弘扬社会正面价值观之举。管理者宜以更加坦诚、平和的心态面对艾滋病劳动者，激励其在岗位上做出贡献。

第10章 离职管理

对员工辞职的处理

考虑劳动关系的人身属性，公司无法强迫劳动者提供劳动，劳动者自行辞职受法律保护。但现实中也存在员工在辞职时不履行提前通知义务，甚至不辞而别的情况，给管理者带来极大的困扰。

案 例

口头辞职还是口头辞退?

夏某于2010年8月12日入职某化学品公司担任检验员，双方已经签订三次固定期限劳动合同。2019年4月30日，因夏某在某项产品的检验过程中存在严重失职行为（未检验就得出合格的结论）导致公司被客户投诉。上级主管李某与夏某进行面谈，希望其自行辞职，否则公司可能会做出开除处理。夏某当即口头表示同意。

当日下午，李某为夏某办理了离职交接，夏某签署了《离职交接表》（该表显示离职时间为2019年4月30日，未明确离职原因）。后夏某申请仲裁，主张公司违法解除劳动合同。

案件审理中，夏某表示当时李某称因自己犯了错要求本人辞职，本人不同意故李某让其离职，双方当天办理交接手续可以佐证，如公司认为是本人辞职，应提供相应证据。而公司主张是夏某同意辞职，办完交接手续后李某一直催告其补填辞职报告，但夏某未予配合，公司从未做出单方解除劳动合同决定，如夏某认为系公司辞退，应提供证据加以证明。

解 析

本案争议双方就夏某于2019年4月30日离职无异议，但就离职原因各执一词。双方均只有口头陈述，无证据证明各自主张，夏某未能提供公司发出的解除通知，公司也不能举证夏某提交过辞职报告，此时离职原因的确定涉及举证责任的分配，即究竟是让夏某承担举证责任还是由公司承担举证责任。在离职时间确定的情况下，用人单位对员工离职承担更多的管理责任，法院最终认定由公司承担“证明夏某辞职”的举证责任。由于李某与夏某的面谈过程无记录提供，又不能举证辞职报告，李某的口头陈述又遭夏某否认，故法院认定公司系违法解除劳动合同。

此案中公司败诉的根本原因在于作为上级主管的李某在对员工进行劝退时并未要求夏某先提交辞职报告再行办理离职交接手续。也许在李某看来，员工口头辞职也是有效的，夏某不至于违反诚信出尔反尔。但案件的结果是公司吃了“哑巴亏”。

管理者在员工办理辞职手续过程中应当注意以下事项。

一、辞职务必以书面、邮件等证据作为办理交接的依据

根据法律规定，员工辞职应当提前 30 日书面通知用人单位。故辞职以书面形式为主，实践中通过电子邮件辞职也具有法律效力（前提是能够证明员工使用该邮箱地址）。如果员工口头提出辞职，管理者宜与员工进行沟通确认，要求其写明辞职原因和拟离职日期，签署姓名和日期后提交管理者审核。

管理者不能仅凭微信、短信和朋友圈的言论等直接作为办理离职手续的依据。如果微信、短信、朋友圈内容事后不能证明，则公司存在极大的法律风险。有些员工可能通过口头告知、电话联络等方式提出辞职，在此情境下，管理者如果直接给员工发送离职交接通知，容易产生争议，建议先要求员工履行承诺提交辞职报告，再启动交接手续办理。

二、员工提出辞职后要及时管理员工的最后工作日

员工提出辞职申请后，有些管理者消极不作为，不对员工的辞职请求进行任何回复，有些甚至超过一个月后再进行批准，员工则可能主张双方以实际行动撤销了自己的辞职申请，之前的辞职报告已不具有法律效力。在多起类似案件中，部分法院也支持了员工的主张。当然，如果员工提出辞职后在一个月内要求撤销辞职申请的，其撤销要求也需公司同意后方可执行，辞职行为一旦做出，未经许可不得撤销或变更。

在管理者和员工达成一致的情况下，员工的最后工作日可以提前或延后，如员工 9 月 1 日提出辞职，双方可约定 9 月 3 日为最后工作日，也可约定 10 月 30 日为最后工作日。但如果双方未能达成一致，则管理者只能单方确定 9 月 30 日为最后工作日（严格依照法律规定），如果管理者要求员工 9 月 3 日即离职则可能构成违法解除。

三、员工不辞而别不宜视为“自动离职”

劳动合同的解除应当至少有一方做出终结劳动关系的意思表示，如果员工未提出辞职就不再为公司提供劳动，公司也不对其进行任何管理，双方处于“两不找”状态，在司法实践中或存在争议，有些法院会认定双方处于劳动合同中止履行状态（劳动关系并未解除），有些法院则视为公司提出协商解除（要求公司支付经济补偿金）。

对此，管理者对员工突然缺勤或无法联络的情况，应及时向人力资源部门报告，向员工及时发出返岗通知并告知员工未到岗将视为旷工，如员工仍未返岗，则按照严重违纪解除劳动合同。

劳动合同到期终止的“陷阱”

劳动合同到期是常见的离职形式之一，管理者可能需要对员工的合同续签或终止事宜进行提前评估，以确定是选择续签还是终止，但因为管理者操作失误导致公司“背锅”的案例也不胜枚举。

案 例

劳动合同逾期还可以正常终止吗?

彭某于2016年9月应聘到某保险公司工作，工作岗位为内勤。双方签订的最后一次劳动合同期限为2018年1月31日至2019年1月30日。2019年3月31日，保险公司向彭某发出劳动合同终止通知书，通知书中载明彭某的工资薪酬发放终止日为2019年2月28日。彭某于2019年4月1日收到劳动合同终止通知书。后彭某申请仲裁，要求公司支付赔偿金。

庭审中，保险公司主张双方系劳动合同终止，故仅需支付补偿金即可，无须支付违法解除赔偿金。彭某则主张其直属上级在2019年1月30日前从未与本人沟通合同到期终止或续签事宜，公司时隔两个月后终止合同显然属于违法解除。

解 析

本案的争议焦点在于公司以合同到期终止合同最迟应在何时通知员工。由于劳动合同何时到期双方均能预见，在合同到期前管理者应进行合理评估，确定续签与否事宜，如确定终止的，则应至少在合同期满前告知员工，以便员工及时寻找下一份工作。如果合同到期后公司愿意续签的，按照相关规定，员工如拒绝续签，公司可终止合同。但是本案中，保险公司并未在合同到期后要求彭某续签合同，而是直接终止双方的事实劳动关系，其合同到期的终止理由不能成立，最终法院判决保险公司系违法终止劳动关系。

员工劳动合同到期，通常由管理者落实相关续签评估事宜，HR部门负责协调经办劳动合同文本的签订或劳动合同终止通知的送达等，管理者在劳动合同到期事项办理中应注意以下事项。

一、劳动合同到期未作处理导致合同逾期

如前述案例，劳动合同到期未作处理，则合同逾期后双方形成事实劳动关系，虽然该期间的事实劳动关系无对应的书面合同覆盖，但其解除与终止条件仍然严格执行《劳动合同法》的规定，由于原合同到期的终止理由已经消失，用人单位只得面临续签合同或违法终止的后果。

二、劳动合同到期，员工提出续签无固定期限劳动合同

在特殊情形下，虽然员工最后一份劳动合同期限已经届满，但员工本人符合法律规定的应当签订无固定期限劳动合同的情形，如该员工已经在本单位工作满十年，其向管理者主动提出续签无固定期限劳动合同，按照法律规定，用人单位应当与其签订无固定期限劳动合同，如果用人单位仍强行选择终止合同会被认定为违法终止。

管理者应当知道，特殊情形下，即使管理者意图不续签合同也可能为法律所禁止，故而管理者在选择第一次合同续约时就应该预见未来合同到期后可能会存在无法终止的情形，管理者应在日常工作中加强绩效管理，而非等待合同到期终止这个可能无法实现的理由出现。

三、员工劳动合同到期前已经出现解雇保护事由

根据相关规定，如果员工在劳动合同到期前出现特殊事由或符合特殊情形，其劳动合同应当自动顺延至相应情形消失，此时管理者不能直接做出终止合同的决定。

解雇保护事由包括以下事项：

1. 从事接触职业病危害作业的员工未进行离岗前职业健康检查，或者疑似职业病病人在诊断或者医学观察期间的；

2. 在本单位患职业病或者因工负伤并被确认丧失或者部分丧失劳动能力的；

3. 患病或者非因工负伤，在规定的医疗期内的；

4. 女职工在孕期、产期、哺乳期的；

5. 在本单位连续工作满 15 年，且距法定退休年龄不足 5 年的；

6. 工会主席、副主席、工会委员在任期内的。

需要注意的是，对于情形 4 可能存在事后发现的情形，如员工劳动合同到期办理离职手续时未报告怀孕，但离职之后经检查诊断确认劳动合同到期前已怀孕的，此时不能视为公司违法终止合同，但公司应及时撤销终止决定并与员工恢复劳动关系。

从控制风险角度来看，任何劳动合同到期终止操作，管理者宜优先考虑与员工达成协商一致终止合同的意愿，通过协商解除来减少风险和相关争议。

协商解除：如何好聚好散

在员工绩效、行为或价值观不符合公司预期或者员工与上级无法磨合的情况下，管理者可能会考虑与员工“好聚好散”，即以协商一致的方式与员工解除劳动合同，通常协商解除会给付员工一定的经济补偿。尽管如此，劳动合同的提前解除对员工的心理冲击较大，且会导致员工短时间内失去收入来源，再加之个体的需求不尽一致，故而通过谈判促成协商解除仍然是一件难度较大的事情，如谈判失败则可能导致员工与上级、与公司失去信任关系，继续维系劳动关系的成本极其高昂。

案　例

N+1 还是 2N+1？

老李是一家公司的供应链主管，已经在公司工作近十年，2015 年就与公司签订了无固定期限劳动合同。最近他的上级主管高某认为其工作表现存在问题，2019 年 3 月有几天没来公司也未报告，另外，2018 年业绩表现一般，年终评估只有 B+，公司总部要求压缩成本减员增效，对团队内产出较低的员工尽量个别协商解除，也不希望大规模裁员。2019 年 4 月 19 日下班前，高某给老李发送邮件，通知其下周一早上 9 点半开会，准备和老李谈谈协商解除的事情，之前高某也和人力资源部门沟通过，预算的补偿方案是 N+1。

周一上午 9 点半到了，高某还未见老李的人影，就打电话给他：“老李，怎么今天没来上班啊？我邮件通知你了啊。”“啊？我不知道啊，邮件我没看，现在我在去项目路上呢！”“你赶紧过来，通知你开会呢！”“好的，我过来要一小时哦。”

过了一个多小时，老李才赶到公司办公室，已经接近 11 点了。高某之前选了一个大会议室，老李到后，高某示意老李坐下，此时和高某并肩而坐的是公司人力资源部经理老张。“领导，怎么今天开会人力资源部也参加啊？”“让 HR 一起谈的原因，等会儿你就知道了。”高某回复：“好吧，我们开始吧”。

高某：“老李，你知道我们要找你聊什么吗？”

老李："不知道啊，我犯什么错了吗？"

高某："没有，是这样的，你也知道公司现在经营情况不乐观，好几个季度业绩都是下降的，各部门都在减人，你去年绩效是B+吧，好像也不是特别好……"

老李："领导，我打断一下，B+按公司政策也是合格的吧？"

高某："是，不过最近经常看你不在公司啊？HR这边考勤有好几天没有记录。"

老李："领导，你提考勤我就不乐意了，大家谁考勤没问题啊，有时去外面见客户都没考勤的啊！"

高某："但是按照公司《员工手册》，外勤要在outlook上报备的啊！你报备了没？"

老李："《员工手册》我不记得，但我知道从来没人被处罚过啊，我们这种岗位经常出外勤，之前你也没提醒过啊，公司也正常发工资，难不成算我旷工？"

高某："实话实说吧，现在公司综合各方面因素希望和你谈谈协商解除，当然公司会依法支付补偿。"

老李："领导，你作为我的上级领导，你应该知道，我45岁了。目前为止我都已经为公司服务十年了，我的能力也是大家都可以看见的。如果说公司不想再要我们这种有能力的人，那么也可以，你们就清清楚楚地来谈一个价格。我在职场也很多年了，我这个人很爽气的，我不会赖着公司的。"（情绪略显激动）

高某："老李，不要激动，我们只是在问你可不可以考虑协商解除？"

老李："可以啊，你们什么方案？"

老张："那这个方案呢，我现在解释给你听，就是N+1这样的一个方案。N指的是你的工作年限，1就是代通知金，这个金额呢，我们之前也做了一下计算，你到现在加入公司不到10年，我们算10个月，这部分的金额，根据你前12个月的平均工资计算，金额是118000元，加上你一个月的工资作为代通知金。"

老李："张经理，我不知道你在人事部做了多少年了，对劳动法的理解是什么样的。我现在是无固定期限劳动合同。"

老张："我知道你是无固定期限劳动合同，但是补偿标准还是按照工龄和工资来算的啊！"

高某："老李，那你的想法是什么呢？"

老李："就是2N+1"

高某："2N+1，是吧？那这个差距确实非常大。"

李某："这个也是根据劳动法。"

老张："就是公司违法解除也是 2N 啊，哪来的 2N+1？你现在的方案和公司相差太大了，你提出 2N+1，有仔细算过吗？"

老李："2N+1 也是有依据的东西，我是无固定期限劳动合同员工，如果是只工作了几年的员工也就算了，你这个相差太远了。"

老张："首先也不是说我和你谈价格，讨价还价，只是把这个方案给到你，刚才也说了，你可以提出你的想法，但是 2N+1 和公司的方案差距实在太大了，之前也没有先例，所以没有办法。"

老李："那你要我谈出来什么呢，2N+1 我提出来了也没有用，只能按照你们的价格走，那要我提出来干嘛呢？"

老张："先听听你的想法。"

老李："我的想法告诉你又没用。"

高某："这个差距太大了。老李，劝你一句，还是好聚好散为好，听说现在打劳动官司还会上网公开呢，不划算！"

老李："谁不知道上网公开，我还知道劳动仲裁是免费的呢！你们这样谈浪费我时间也没意思，我先回去了，你们谈好给我一个价，我满意了就走，不满意就继续耗着……"

……

解　析

从上述协商解除失败的案例来看，高某和老张存在如下几个方面的问题。首先，协商解除并未有前期的证据准备，对员工 2019 年 3 月的出勤情况、过往的绩效评估情况均没有仔细地进行梳理，此外只是邮件通知员工开会，没有进一步电话沟通，导致周一的面谈时间延迟了一个多小时。其次，在面谈内容上，作为老李的上级，并未考虑清楚为何要和员工谈协商解除，究竟是公司经营业绩不好，还是员工工作表现不行，抑或员工存在违纪违规行为，虽然谈话中各方面都有提及，但都是蜻蜓点水，缺少重点也没有进一步施压，作为员工的老李自然也不会感受到任何压力，此后公司抛出 N+1 的协商解除方案被员工明确拒绝，员工坚持认为无固定期限劳动合同应当给予 2N+1 赔偿，而管理者没有进一步澄清或者要求员工明确 2N+1 的组成和具体金额。再次，在谈话即将结束的时候，高某还提及打官司对员工无益，潜台词是"跟公司打官司上网了以后不好找下家”，结果被员工回怼，双方的对立情绪明显升级。最后，高某也没有让员工回去考虑或预约下一次沟通时间，径自让员工离开了办公室。

考虑协商解除工作的复杂性和个案的差异性，要做好协商解除工作，管理者需要从以下方面着手。

一、充分分析背景情况，做好相应的沟通和材料准备

公司不会无缘无故让员工离开，员工也不会无缘无故接受公司协商解除的提议。故而协商解除的前期准备至关重要，具体包括以下几方面。

1. 信息准备

员工的基本情况，包括入职时间、工作年限、工作职责、汇报对象、家庭情况、工资标准、未休年假、最近两年的绩效表现、是否存在违纪违规行为、失职行为、同事关系是否融洽等。

除员工的情况外，公司层面的变化也可以提前准备，包括公司的经营情况、盈利情况等。

2. 材料准备

与员工协商解除，需要提前准备用于辅助沟通的相关证据，如绩效考评表、考勤记录、奖惩单；用于解释协商解除条件的文本，如协商解除协议、前 12 个月工资表、年休假系统记录、补偿明细计算表、离职证明等；用于实施协商解除替代方案的材料，如岗位调整通知书、新一阶段的工作目标、改进计划等。

3. 方案准备

为了促成协商解除，公司需要提前考虑协商解除的替代方案，如调整岗位、停工待岗或者单方解除方案。对于临近退休人员，公司还可考虑内退方案，如支付最低工资至法定退休年龄等。

对于协商解除方案，具体应包括解除的时间、解除的理由（是协商解除还是让员工选择辞职）和补偿标准的上下限，一般补偿标准需要参考公司过往的先例（如 N+1），同时保留一定的弹性，以便于向员工表达协商解除的诚意，常见的“妥协”方案包括：

（1）当月工作不足月，但支付工资至月底；

（2）延迟离职时间，如给予员工 1—3 个月时间寻找工作；

（3）补偿数据取整数（如将 1.9 万元调整为 2 万元）；

（4）年终奖折算；

（5）年休假折算薪资；

（6）保留一段时间的保险关系；

（7）出具求职推荐信等。

管理者需要注意的是，如果协商解除失败的结果是继续履行劳动合同，无疑会导致两败俱伤。

二、选择合适的时间、地点和谈话人

一旦确定了协商解除及相关替代方案，管理者需要落实具体的时间、地点、沟通人选安排。通常，从有利于员工协商的角度，协商解除应尽可能安排在工作时间，并且以上午为佳，如果安排在周五下午 4 点，则可能时间不够，员工要求准时下班。当然，以下时间也应当极力避免：

1. 员工的入职日期、生日、结婚纪念日；

2. 国家法定假日、圣诞节、情人节的前一日；

3. 公司重要活动举办日期。

从沟通场所的角度，宜安排在公司的办公场所，如提前预约一个不易被他人打扰的会议室，会议室不易过大也不宜过小，确保亮度、温度适宜，考虑协商解除在多数人看来不够体面，故应避免全透明玻璃的会议室。

在沟通人选上，如果涉及员工个人表现的协商解除，需要由直线经理参与沟通，也可以与 HR 共同参与沟通，并做好相应的分工，通常直线经理解答有关公司业务或个人表现方面的提问，HR 则可协助解释相关法律法规和补偿标准计算方式等。从尊重员工的角度来看，谈话人员的级别应当与员工的职级对等，如部门经理被约谈协商解除，则公司安排总监参与沟通更显尊重。

如果确定了合适的时间、地点、谈话人，则建议通过电话和邮件两种方式告知员工面谈的时间和地点，并提示务必避免缺席。

三、沟通以事实为基础，换位思考提供解决方案

在员工进入沟通场所后，可以用一些简单的事实确认作为开场白，如员工的入职时间、工作年限、工作职责、最近的工作状态等，再直接告诉员工会议主题，如“今天就

您的劳动合同事宜与您作一次沟通”。管理者不宜转弯抹角，而应该直接表达公司的考虑和相应的决定，如“公司很遗憾地告知您，公司希望与您就解除劳动合同进行协商并在月底前达成一致”。在沟通过程中，管理者表达真情实感较为重要，对于离职的决定通常应抱有遗憾、惋惜、不舍的情绪，如“公司做出这个决定也十分艰难，作为您的上级也很难受，我们希望帮助您一起渡过难关……”

在具体的补偿方案上，管理者可以分享公司的动机，如“为了确保内部公平性，公司对于类似情况的处理都是N+1，包括此前离职的张××、李××等，当然公司可以在其他方面作一些让步，如法定年休假本可以安排您休掉，但公司一并折算成二倍工资支付给您，以及公司将支付工资至月底，今日以后您可以开始找工作，公司继续支付工资……”公司可以和员工仔细核算具体数据，获得员工的相应确认，最后再询问员工的意见。

四、书面记录谈话过程，固定诉求和意见

在多数情况下，员工可能在面谈中提出新的诉求，如要求支付年终奖、加班费或者要求提高经济补偿标准，有些甚至提出2N或2N+1的方案，此时管理者不宜以“不合法”“差距过大”等理由直接予以回绝。如果直接否定员工的想法，很容易导致双方失去进一步沟通谈判的基础，员工提出的诉求也未必一定不会妥协。

合理的做法是，进一步和员工明确诉求的具体细节，如加班费，是何时段的加班费？怎么计算的？具体数额是多少？经济补偿金要求2N+1，具体数额是多少？有哪些合适的理由以便于向公司更高级别管理者进行沟通争取？通常，对于员工的诉求和意见，应一一书面记录在案并要求员工签字确认，以便于进一步沟通。

通常而言，除非员工已经准备好离职，否则管理者指望一次沟通就能谈妥并不现实，员工也在测试公司给付的方案是否为“底线方案”，故而双方都有必要进行后续的沟通。管理者可以询问员工需要考虑的时间，并安排下一次沟通的具体时间，可事先将协商解除协议版本交付员工阅看，如果双方最终就数额达成一致，则可以直接安排签署，并落实离职手续办理等事宜。

总之，协商解除的难度与前期的日常反馈和管理密切相关，协商解除的最佳状态是员工和公司都已经做好了解除劳动关系的准备，这也意味着管理者在前期的绩效管理、纪律管理中已经做过充分的提醒、提示，而不是在协商面谈时，员工对于公司启动协商解除的对话“十分惊讶”。

直线经理参与裁员沟通

除个别员工的解除或终止外，管理者还可能参与规模性的人员裁减，在公司发生并购、组织架构调整、经营不善的前提下，员工的批量离职是十分常见的现象，作为潜在离职员工的直属上级，管理者有必要承担起沟通责任。

案　例

裁员名单背后的故事

某公司因经营不善，公司董事长召开部门经理会议，明确公司遭遇经营压力，必须通过减员自救，每部门统一优化30%的员工，各部门经理在一周内向HR部门提交裁员名单，补偿标准统一为N+1[①]。研发部门经理李某收到任务后开始琢磨，自己部门有20个员工，平时都比较服从管理，有些已经跟了自己十几年但平时绩效表现一般，有些刚刚入职但很有干劲，部门内还有一对双职工，夫妻都在同一个部门，丈夫承担非常重要的工作职责，妻子表现一般，去年还因为未及时完成工作任务被书面警告过一次，还有一名孕妇一直在休病假，到底该如何取舍呢？部门经理最终选择了六名工龄较短的员工（其中两名尚处于试用期）。

在实际执行面谈时，除了两名尚处于试用期的员工接受了公司的补偿标准，其余四名员工均明确拒绝接受协商解除。员工A主张自己刚刚转正，说明自己的工作能力已经得到公司认可，公司为何不裁减那些低绩效表现的员工呢？员工B则主张自己好不容易找到一份工作，而且全家就自己一个人是就业人口，如果失业对家庭打击太大，公司给自己三个月工资的补偿完全是杯水车薪，除非公司大幅度提高补偿标准。员工C则主张部门经理应当公开裁员名单选择标准，而不是领导“拍脑袋”决定，公司直接通知裁员属于违法解除。员工D则主张去年辛苦工作了一年，有大量的加班，经本人测

① N是指工作年限，即每工作满一年支付一个月工资补偿。

算加班费至少有20万元，如果公司额外支付20万元加班费，则自己可以接受并立即离职。

解　析

本案例中，部门经理李某简单地以工龄长短作为裁员名单的选择标准虽然看上去有一定的道理，但实际上缺乏内部公平性。通常而言，裁员名单的选择应重点关注被裁减员工的工作表现，公司裁员目标显然是留下“精兵强将”，而员工的后续贡献能力显然不能简单以工龄长短来判断。当然，由于管理者在此前的绩效管理过程中未能留存足够证据导致无法以绩效作为衡量尺度也是许多部门经理倾向于简化操作的重要原因。

从裁员名单的选择上，管理者可以考虑使用排除法，排除以下员工类型：

1. 处于解雇保护范围内的员工（如“三期”、病假、工伤、在本单位工作满15年且距离退休不满五年的员工）；

2. 过去两年绩效表现公认较优异的员工；

3. 公司识别的关键潜力人才。

此外，在程序上，管理者也可以和员工进行沟通讨论，推行民主管理，如可以首先由员工自行申报，后通过工会民主评议确定名单范围。

考虑批量裁员对员工的影响，管理者可以从员工角度来反思可能出现的沟通情景。

一、为什么公司现在要裁员？

员工在该类情景中可能需要了解“公司到底发生了什么”“为什么要裁员”“为什么是现在要裁员”，这些问题涉及公司层面所遇到的挑战、公司战略，通常需要由公司的高层管理者代表来实现一对多的沟通。

高层管理者有义务清晰地与受影响的员工沟通公司经营层面遇到了哪些挑战、公司实际经营状况如何、公司管理层做出了哪些补救措施、公司选择裁员所涉及的考量因素、公司的哪一层决策机关做出了什么样的决定、具体内容是什么，等等。

二、为什么选择了我？

除关注公司决策的合理性、公开性外，员工更为关注的是“为什么选择了我”“为什么是我的部分受到影响”。显然，除工作年限长短外的硬性要素，员工被列入裁员名单的主要原因还是绩效问题或者员工所在的岗位已被撤销。

对于岗位被撤销的情形，管理者向员工如实说明情况较容易得到员工的理解，但如果只是人员编制减少，则员工为何被列入名单需要由管理者来承担主要的沟通责任。比如，公司优先保留近两年绩效评估分值在前 20% 的员工，或者对于管理者所列的名单，如果员工认为管理者有任何偏见或歧视性对待的，可以启动申诉程序。

三、为什么是这点补偿？

裁减员工，除解决内部公平性外，员工还可能提出补偿标准问题。显然，HR 管理者在此需承担更多的沟通责任，包括补偿标准的计算方式、如何计算个税、年终奖是否发放、加班年假如何处理、离职交接手续、社保公积金缴纳截止月等。

从补偿标准的公平性角度来看，企业执行与以往一致的补偿标准较容易得到员工的理解，如果过去执行的协商解除标准为 N+2，而此次执行 N+1 则很容易遭到员工的抵制。如果没有过去的先例可循，则可参考关联公司、本地区其他企业的惯常标准。

当然，在实际执行补偿标准时，对一些补偿数据取整数（如将 159000 元按照 160000 元计算）的做法也十分常见，有时还是十分奏效的办法。

工作交接要避免“后遗症”

在员工离职形式确定后，安排员工办理工作交接是管理者重要的工作职责之一，良好的工作交接有利于保障公司业务正常运转，工作交接不畅可能会给业务运转带来极大困扰，有些甚至会给公司造成巨大经济损失。

案 例

员工拒绝工作交接怎么办？

2015年3月30日，赵某进入某网络科技公司工作。同日，赵某签署《入职承诺书》，其中第二条约定，承诺人保证在离职时，已将本人所负责的所有工作事项及全部相关文件资料等（包括电子文档）与公司做了交接及详细说明，并已归还所借公司的全部证照文件资料等，不存在任何隐瞒、错漏、遗失等。第五条约定，如员工违反本承诺书任一条款，应当一次性向公司支付年收入10倍的违约金……同年4月22日，双方签订期限自2015年3月30日至2018年3月29日的劳动合同，赵某担任美术总监。2018年2月11日，赵某提出辞职。因双方对工作交接产生争议，网络科技公司提起诉讼，要求赵某赔偿经济损失372万元。

庭审中，公司主张，赵某于2018年2月11日与公司解除劳动合同，但至今没有办理工作交接。赵某在职期间负责的美术部门的工作资料（包括但不限于本人以及所负责的部门员工的电子文档、完成以及未完成的软件源代码、源文件等）没有按照公司规章制度进行交接。公司与第三方签订的正在执行的代理合同因没有源代码、源文件而无法进行对游戏的更新以及对漏洞的修复，产生数额巨大的违约金风险，以及无法与其他第三方进行代理授权合作，导致公司无法正常经营而造成巨大损失，赵某应承担违约赔偿责任。对此网络科技公司举证了《入职承诺书》《第三方软件授权协议》等证据。赵某则主张，《入职承诺书》第二条系针对入职原告公司前与其他单位的交接，不是指与原告公司的交接。违约金约定由相关法律规定，本案所涉违约金约定不符合相关法律规定，应为无效。本人离职时电脑留在公司，由于公司不予配合，导致不能办理交接手续。本人不存在私自删除公司电脑中的资料和数据资源的事实。

解　析

本案的争议焦点在于赵某是否履行了工作交接义务，对此仅从《入职承诺书》无法证明赵某实际掌握了源代码等文件，网络科技公司未能举证赵某实际持有上述文件且未举证已通知赵某办理工作交接以及具体的交接事项、交接方式、交接要求等，加之电脑已归还公司，无法证明赵某拒绝交接的事实。最终法院驳回了网络科技公司的诉讼请求。

显然，赵某的岗位十分重要，其在工作中接触的软件源代码、源文件属于公司商业秘密范畴，对公司生产经营有重大影响，该类信息的掌握、保管和备份则十分重要，需要在员工接触时即留下相应的证据证明员工实际掌握上述信息，以便于员工离任时要求其交还。此外，本案中网络科技公司关于工作交接的要求全部是通过口头、电话等方式进行，对交接的具体内容、形式等缺乏明确规定，导致发生争议时公司举证不力，员工实际交还电脑时也未及时检查确认，明确交还时间和电脑的实际状态，导致电脑内文件状态、是否删除、删除原因等各执一词，最终公司承担了败诉后果。

管理者在落实工作交接事项时，应避免以下误区。

一、将离职交接安排在离职当日

如果管理者安排员工在离职当日交接，不仅时间十分仓促，而且即使员工未予配合也只是演变为普通仲裁诉讼或民事纠纷。如果管理者在确定的离职日前安排交接，此时员工仍与公司存在劳动关系，其有义务遵循公司的规章制度，如果拒绝交接，公司可依规章制度进行纪律处分直至解除劳动合同，如果违纪解除成立，则员工不能诉请任何经济补偿，对其再就业也产生严重影响。

故工作交接宜提前进行，一方面有利于协调交接事项，另一方面也增加了管理者的管理机会。

二、未穷尽交接事项和进行必要检查

管理者安排交接可能侧重于物品类交接，如电脑、门卡、钥匙、文件的返还，但容易遗漏软性交接事项，如要求员工返还车辆，对于车辆是否有违章记录未处置即属

于软性事项，管理者在落实交接安排之前应全方位清理有待交接的内容，常见的交接内容包括以下几种。

1. 物品类：电脑、U 盘、门卡、钥匙、工作证、车辆、机器设备等；

2. 文件类：合同、协议、供应商名册等；

3. 电子数据类：客户名单、源代码、网络账户 / 密码等；

4. 工作进展类：项目进度、联络人和联系方式；

5. 法律手续类：如行政部门的更名手续，员工担任公司董事、监事、法定代表人或特定业务的办事人员（如财务、人事），则在离职前应安排员工完成相应的身份变更手续；

6. 内部手续类：如配合公司进行离任审计。

当然，员工交付交接内容时，管理者需要安排特定人员协助检查，如交付电脑时，电脑的文件是否已全部删除等。如果当场不检查，事后发现问题则极易产生争议。

三、离职补偿支付未与工作交接挂钩

实际上，根据法律规定，员工离职如涉及需支付经济补偿的，用人单位可在员工办结工作交接手续后支付。故用人单位如与员工协商解除或者涉及需支付经济补偿金的解除或终止合同时，宜在相关文件中注明工作交接办结是支付经济补偿的前提条件之一，同时通过附件方式明确交接的具体时间和内容安排。

用人单位甚至可以在补偿协议中就员工违反工作交接义务设置违约金，对拒不配合交接的要求其支付一定数额的赔偿，以约束员工积极配合履行工作交接义务。

后　记

Postscript

员工管理再思考

对管理者而言，无论是业务部门还是职能部门，管理的最终目标是引领他人完成经营目的。考虑企业发展阶段、企业文化、业务特点的不同，管理的范式并不相同，但管理者的主要任务大致可以分为：

1. 构建团队组织的胜任力（Build the competence of the unit）；

2. 通过各种工具引领、帮助和激励员工（Empower the people with tools）；

3. 根据需要驱动结果的达成（Drive results on demand）。

要实现上述任务，管理者也需要关注自身领导力和胜任力的构建，包括作为管理者的角色认知（从执行者到管理者，从个人贡献到团队贡献）、通用技能的掌握（如现场管理、问题解决能力、时间管理、PPT 和演讲技巧、合规与公司原则等）、与员工的沟通互动（从入职到离职，涵盖员工生命周期）。管理者既要关注业务管理、精益生产、质量管理、设备管理、流程管理等领域的一些硬技能，更需关注员工激励和约束领域的软技能提升。而随着技术的飞速发展，有关硬技能领域的相关解决方案越来越被信息化、电子化、流程化所取代，只有软技能领域的持续成长才是管理者不断进阶的成功之钥。

诚如管理学大师彼得·德鲁克所说，检验管理成败的唯一权威是绩效。管理存在的目的就是帮助组织取得绩效。绩效从何处产生？绩效不产生于组织内部，绩效只能产生于组织外部，即组织只能因服务于外部社会和其他组织获得绩效，故管理要着眼于如何更大程度上满足顾客的需要，包括产品质量的提升、服务流程的改进、客户满意度的提升、产品和服务的价值创新等，而这些工作管理者无法通过单打独斗就能完成，必须依托下属的努力和上级的合作。管理者要扫清产出绩效的障碍，就必须做好员工管理，创造有利于员工价值发挥的工作环境，通过沟通构建和维护信任，通过目标设定、持续工作反馈等多种工具激发员工的工作动力和生产力，同时对于妨碍组织绩效提升的情形和行为要及时予以技术性处置，而不是听之任之，放任不管。须知，与公司绩效产出相关的正负面因素相互影响又相互制约，负面因素会侵蚀正面因素，反之亦然。

随着社会价值观的多元化，管理者调和不同员工的利益诉求愈加困难和复杂，加之法律、企业内部规则、时间资源和成本的限制，管理者的行为和决策会遭遇很大的掣肘，有时难以两全甚至必须做出取舍和牺牲。此时，管理者秉持正直的人格就尤为重要，以人为本不损人利己，言行一致不出尔反尔，拥有权限但不滥用权利，包容鼓励他人但又不沽名钓誉。管理，包含对人性的考验，也是对管理者身心的修炼，只有以正直的品格为基础不断实践和修正自我，才能培养适合自己的组织和领导之道。

图书在版编目(CIP)数据

管理者全程法律顾问：非HR经理的员工高效管理指南 / 洪桂彬著 . —北京：中国法制出版社，2020.8

（企业人力资源管理与法律顾问实务指引丛书）

ISBN 978-7-5216-1201-1

Ⅰ．①管…　Ⅱ．①洪…　Ⅲ．①企业管理–人力资源管理–劳动法–中国–指南　Ⅳ．① D922.5-62

中国版本图书馆CIP数据核字（2020）第129327号

策划编辑：潘孝莉

责任编辑：马春芳　　封面设计：汪要军

管理者全程法律顾问：非HR经理的员工高效管理指南

GUANLIZHE QUANCHENG FALÜ GUWEN：FEI HR JINGLI DE YUANGONG GAOXIAO GUANLI ZHINAN

著者 / 洪桂彬

经销 / 新华书店

印刷 / 三河市紫恒印装有限公司

开本 / 730毫米 ×1030毫米　16开　　印张 / 15　字数 / 258千

版次 / 2020年8月第1版　　2020年8月第1次印刷

中国法制出版社出版

书号 ISBN 978-7-5216-1201-1　　定价：59.00元

北京西单横二条2号　邮政编码100031　　传真：010-66031119

网址：http://www.zgfzs.com　　**编辑部电话：010-66073673**

市场营销部电话：010-66033393　　**邮购部电话：010-66033288**

（如有印装质量问题，请与本社印务部联系调换。电话：010-66032926）